Contes et fables des îles

Andrée Vary · Claire Brouillet

 **Glencoe**

New York, New York · Columbus, Ohio · Chicago, Illinois · Peoria, Illinois · Woodland Hills, California

Photo & art credits

Cover photo: CORBIS
Interior illustrations: Paula Wendland
Maps: Ortelius Designs

Glencoe

The *McGraw-Hill Companies*

Send all inquiries to:
Glencoe/McGraw-Hill
8787 Orion Place
Columbus, OH 43240-4027

ISBN 0-07-860042-1

Printed in the United States of America.

1 2 3 4 5 6 7 8 9 10   069   10 09 08 07 06 05 04 03

Des mêmes auteures

Brouillet, Claire, and Andrée Vary. *Contes et fables d'Afrique*. Columbus: Glencoe/McGraw-Hill.

Brouillet, Claire, and Andrée Vary. *Contes et légendes du Québec*. Columbus: Glencoe/McGraw-Hill.

Vary, Andrée, and Claire Brouillet. *Contes et légendes du monde francophone*. Columbus: Glencoe/McGraw-Hill.

Vary, Andrée. *Contes et légendes de France*. Columbus: Glencoe/McGraw-Hill.

Table des matières

Au lecteur

Ces contes vous conduisent dans ces îles qui, peut-être, vous font rêver depuis longtemps. Si vous laissez aller votre imagination, les îles vous emporteront dans leur magie.

Vous participerez à des soirées de contes entre parents ou voisins qui durent parfois toute la nuit. Des conteurs de métier, à la fois acteurs, mimes et musiciens, animent ces soirées très colorées. L'histoire est souvent connue de tous, mais le conteur la transforme selon sa personnalité et l'atmosphère du moment. Aussi, les spectateurs sont actifs : ils soufflent les mots, ils répondent, ils chantent, ils dansent, ils commentent, « Oh! Oh! » ou encore, quand le conteur exagère, « Euh! Euh! »

Peut-être, en lisant ces contes, aurez-vous envie de devenir conteur ou conteuse vous-même? Vous verrez alors comment la pratique du conte est une source de plaisir et un bon moyen de communiquer!

Les activités proposées avant et après la lecture de chaque texte vont vous aider à mieux comprendre ce que vous lisez et à faire de vous un lecteur efficace. Ces activités vous seront utiles si vous lisez seul; elles le seront encore plus si vous les faites en discutant avec vos amis et avec le soutien de votre professeur.

Bonne lecture!

Au professeur

Vous trouverez dans ce recueil des lectures d'appoint pour aider les élèves à développer le goût de lire en français. Nous croyons que ces contes et ces fables intéresseront les jeunes tant par leur exotisme que par leur valeur humaine, universelle. Ils les sensibiliseront aussi à l'ampleur de la francophonie.

À l'occasion de chaque récit, vous trouverez un encadrement pédagogique susceptible d'aider les élèves à devenir des lecteurs plus efficaces.

DES RÉCITS FACILES D'ACCÈS

Vous remarquerez que le vocabulaire utilisé est en général connu des élèves; pour les mots moins usuels, nous donnons un soutien lexical du français à l'anglais.

De plus, nous avons limité les temps des verbes à l'infinitif, à l'indicatif présent, à l'imparfait, au passé composé, au futur et au conditionnel, en évitant les formes complexes du passé simple et du subjonctif.

DES ACTIVITÉS ENCADRANT LA LECTURE

Nous avons aussi accompagné chaque récit d'une illustration et de quelques activités préliminaires d'observation dans le but de favoriser l'anticipation, étape importante dans la lecture.

Nous ajoutons un court texte d'introduction avant chaque conte afin de situer le récit dans son contexte culturel et d'attirer l'attention des élèves sur des faits, des objets et des modes de vie qu'ils n'auraient peut-être pas remarqués ou compris autrement.

Après la lecture, nous avons ajouté quelques activités de compréhension qui permettent de revenir sur le récit pour en saisir les éléments importants et les nuances. Nous en proposons plusieurs. Leur pratique permet une meilleure compréhension du texte. La simple lecture de ces questions permet déjà au lecteur un survol des points de compréhension importants.

L'enseignant pourrait proposer des activités complémentaires, par exemple :
- — la réécriture du conte en se plaçant du point de vue d'un des personnages;
- — la production d'une parodie du conte, en changeant les personnages pour d'autres de la vie quotidienne;
- — la narration de l'histoire devant la classe, ce qui exige de l'élève l'appropriation du conte ou de son plan, la mémorisation, la capacité d'improvisation et l'expression corporelle.

La plupart des contes de ce livre viennent des Caraïbes. Nous y avons ajouté quelques récits des îles créoles francophones de l'océan Indien pour montrer la grande parenté d'esprit entre les récits folkloriques des différents peuples des îles de tradition française. Malgré les apports des différentes populations qui y vivent, on y découvre plusieurs traits communs, linguistiques et culturels. Ainsi, on trouve plusieurs contes semblables dans les Caraïbes et dans les îles créoles francophones de l'océan Indien, à quelques variantes près, ce qui s'explique par l'histoire de la colonisation de ces îles. En effet, l'introduction des esclaves qu'on amenait en masse de l'Afrique est à l'origine de la formation de ces peuples. Les Africains ont apporté dans les îles leur force physique mais aussi leur âme; leurs traditions et leur culture. C'est ainsi que l'on retrouve les mêmes personnages en Afrique : Lapin ou Lièvre — bien connu pour son agilité physique et mentale; Bouki, Macaque et Hyène — personnages lourdaux et destinés à être victimes. On retrouve même des personnages comme Singe, Éléphant et Tigre, qui semblent aussi familiers aux gens des îles que Tortue et Alligator. Tous ces personnages ont un rôle symbolique, bien connu de tous. Ils font partie de l'imaginaire collectif.

Les auteures de ce recueil espèrent que vous aurez, à encadrer vos élèves dans la lecture de ces contes, le même plaisir qu'elles ont pris à les écrire.

Introduction

These tales from the French-speaking islands are first and foremost about the millions of Africans that the colonizers imported to the Caribbean and to islands in the Indian Ocean to work as slaves in their mines or in their sugarcane fields. Part of the significance of these tales comes from the role that storytelling played for slaves in the Americas and on islands in the Indian Ocean. The slaves needed to tell tales such as these and to pass them on. With an understanding of that truly scandalous period of human history, it is also possible to comprehend this need that existed for telling tales and the indispensable role that they were able to play in bringing together these populations who had been ripped away from their native land.

The tales bear witness to the hard realities of life in the colonies. You will meet slaves who are trying to escape (*Depuis quand l'eau de la mer est-elle salée?*) and others who are still hoping to achieve that long-desired freedom (*Depuis quand Chien, Chat et Rat sont-ils ennemis?*).

Through these tales, regular people can, often in a tone that appears on the surface harmless and even comic—for example by featuring talking animals as the main characters—severely critique the social system. Thus, they make fun of those whose only worth is physical force, material wealth, or social rank (*Tortue fait la course contre Léopard, L'odeur du repas*).

Some tales feature supernatural forces such as devils or demons (*Cétout, héros du village, Grain de sel*). Others find amusing explanations for the origin of various natural phenomena (*Depuis quand les alligators ont-ils la peau brune et racornie?, Depuis quand connaît-on des tremblements de terre?*), or for prolonged and mutual feuds between certain species of animals (*Depuis quand Chien, Chat et Rat sont-ils ennemis?*).

These tales demonstrate the popular values of the culture: dignity in spite of poverty (*La vieille femme et le vent*), respect for parents and older people (*Depuis quand connaît-on des tremblements de terre?*), devotion and fidelity to promises made and respect for life in all its forms (*Le langage des animaux*).

One of the values put forward in these tales is doubtless the keen spirit embodied by characters such as Sait-Tout (*Cétout, héros du village*) or by the astute rabbit or hare who triumphs over stupidity, dullness and naïveté (*Malice et Bouki font équipe*). These small characters, by their presence of mind and their astuteness, are victorious over stronger and more powerful characters who are often stupid or crude in spirit (*Lièvre plus fort que Baleine et Éléphant, L'odeur du repas, Attention! le cyclone arrive!*). By contrast, we also find Bouki, the fat goat, and Macaque, the monkey, who almost consent to their own oppression because of their stupidity. They provoke laughter and jeers and should not be imitated. It is better to be a trickster like Malice.

In reading these tales, we hope that you will enjoy yourself but that you will also learn something. These tales are rich in life lessons that may apply to your own life at the same time that they introduce you to the values of another culture.

les Caraïbes

Louisiane

Haïti

Guadeloupe

Martinique — Sainte-Lucie

Guyane française

L'espace caraïbe comprend non seulement les Antilles — auxquelles on le réduit souvent — mais aussi les territoires qui bordent le golfe du Mexique et la mer des Caraïbes, comme les pays de l'Amérique centrale et du nord-est de l'Amérique du Sud.

Le nom de Caraïbes vient du peuple Caraïbe, qui habitait les petites Antilles et la Guyane avant l'arrivée des Européens.

Les populations de l'espace caraïbe sont issues d'Amérindiens, d'esclaves noirs et de colonisateurs européens. Elles ont en commun la vie en communauté, la culture de plantation, la tradition orale, la religion vaudou et l'usage du créole. La langue créole s'est formée par le croisement de certaines langues africaines avec le français ou l'anglais.

Les îles des Caraïbes où l'on parle français sont Haïti, la Martinique, la Guadeloupe et les îles qui en dépendent : Marie-Galante, la Désirade, les Saintes, Saint-Martin et Saint-Barthélémy; à ces îles s'ajoutent les territoires de la Guyane française et de la Louisiane.

Haïti

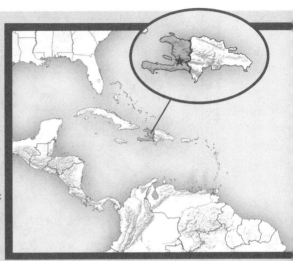

Superficie : 27 750 km^2

★ **Capitale :** Port-au-Prince

Population : 7 063 722 habitants (Haïtiens)

Monnaie : gourde

Statut : État indépendant; république unitaire

L'île dont fait partie Haïti a d'abord été peuplée par des Indiens Arawaks. Ils ont appelé cette île Ayiti, ce qui signifie pays de montagnes. En 1492, Christophe Colomb lui donne le nom d'Hispaniola. Par la suite (1697), l'île est partagée par la France (Haïti, à l'ouest) et l'Espagne (République dominicaine, à l'est).

Au début du XVIe siècle, les Espagnols importent en Haïti les premiers esclaves africains pour exploiter les mines d'or. Après l'épuisement de ce métal précieux, ils se désintéressent de ce territoire. Les Français l'occupent officiellement en 1697. Ils en font, toujours grâce aux esclaves noirs, la plus riche des colonies françaises de l'époque.

En 1804, la république indépendante d'Haïti voit le jour. C'est la première république noire du monde. En 1987, le créole a été déclaré langue nationale d'Haïti.

Aujourd'hui, les forêts et les richesses naturelles qui avaient impressionné les conquérants ont disparu avec eux, et l'agriculture réussit à peine à nourrir ses habitants. Malgré ses difficultés politiques et économiques, le peuple haïtien se caractérise par sa jovialité et sa bonhomie.

CÉTOUT, HÉROS DU VILLAGE

Avant de faire la lecture du conte, répondez aux questions suivantes en formant des phrases complètes.

1. Que voyez-vous dans l'illustration?

2. En relisant le titre du conte, pouvez-vous imaginer qui est le personnage caché dans l'arbre?

3. Lisez l'introduction. Connaissez-vous d'autres histoires avec des thèmes semblables? Lesquelles?

Introduction

Le conte suivant met en scène Cétout. Ce héros populaire est un jeune adolescent très intelligent (Sait tout) et qui a un grand cœur. Grâce à lui, les gens de son village, qui sont perturbés depuis quelque temps par des phénomènes mystérieux, vont retrouver la paix.

Dans ce conte, on peut découvrir plusieurs aspects de la vie en Haïti. On y voit la routine de la vie quotidienne et la croyance populaire dans la magie et les phénomènes surnaturels.

Ici, le conteur fait un croisement entre quelques récits populaires : le conte de Peau d'âne, les fameuses légendes du loup-garou, du « volant » suceur de sang, de la « diablesse » et celui du « soucougnan[1] », êtres nocturnes bien connus dans les îles où se pratique le Vaudou. En cela, ce conte est un excellent exemple de la créativité des conteurs qui prennent toutes les libertés à partir de schémas mémorisés.

Comme il arrive souvent dans les contes, le héros est démuni sur le plan physique. Il est, en cela, le symbole de l'oppression de ce peuple. Seules l'intelligence et la débrouillardise peuvent l'aider à sortir de sa misérable condition. C'est ce qui arrive ici!

---

[1]**soucougnan** a kind of werewolf

᧬ CÉTOUT, HÉROS DU VILLAGE ᧬

Au village, cet été-là, les jours passaient, tous pareils les uns aux autres. Les femmes faisaient leurs travaux habituels : ramasser le bois nécessaire pour cuire les aliments, aller chercher l'eau à la rivière et la faire bouillir, préparer les repas pour la famille, habiller les enfants, nettoyer la case[2], laver le linge, aller acheter le maïs au marché, trier[3] le riz, piler[4] le mil[5], soigner les poules. Quant aux hommes, ceux qui avaient pu trouver du travail étaient partis au loin dans la plantation ou dans la grande ville; les autres, plus nombreux, étaient réunis sous l'arbre de la petite place du village. Ils regardaient un combat de coqs ou jouaient aux cartes, tout en discutant des petits problèmes du jour.

Dans ce village, depuis bien des années, rien ne se passait. Il y avait bien eu quelques querelles entre voisins, une soirée de musique un peu trop bruyante[6], des chiens errants… Jamais rien de sérieux. Cependant, depuis quelque temps, il arrivait de drôles de choses… Les gens étaient inquiets.

Un soir, les gens du village se sont réunis sur la petite place. Ils voulaient discuter et essayer de comprendre ce qui se passait :

—J'avais un plat de belles mangues que j'avais achetées au marché, dit une femme. Quelqu'un les a volées durant la nuit!

—Moi, dit une autre, j'avais un tas de riz tout bien trié sur ma table. Ce matin il n'y était plus!

—Moi, se plaint un père de famille, on m'a volé la chèvre que j'avais réussi à acheter grâce à mes économies!

Tout le monde a un vol à raconter. Les gens du village ne comprennent pas. Jamais il n'y a eu de voleurs chez eux. De plus, certains se plaignent d'entendre des bruits curieux dans leur case durant la nuit :

—Moi, dit une femme, j'entends souvent comme le bruit des ailes[7] d'un gros oiseau, mais je ne vois rien.

—Moi aussi, ajoute un voisin, j'ai entendu ça une nuit!

—Et moi, la nuit, je sens souvent que je ne suis pas seule dans ma case, dit une vieille dame tremblante de peur.

—Mais qu'est-ce qui peut bien nous arriver? se demandent-ils tous ensemble.

---

[2]**case** hut
[3]**trier** to handpick
[4]**piler** to pound

[5]**mil** millet
[6]**bruyante** noisy
[7]**ailes** wings

Tout le village est mystifié. On doit réfléchir sérieusement à ce qu'il faut faire. Après une longue soirée de discussions, les gens du village décident de se réunir encore le lendemain soir et de bien observer entre-temps ce qui se passe durant la nuit.

Un de ceux qui, ce soir-là, participaient à l'assemblée, c'est Cétout, le garçon le plus brillant du village. Dans la nuit qui suit, il ne ferme pas l'œil. Il réfléchit à la discussion de la journée et fait vite un lien entre les événements. Voici son raisonnement :

—Depuis environ deux semaines, nous sommes tous victimes de vols. Deux semaines... Depuis environ deux semaines aussi, une femme bizarre s'est installée près de notre village. Un et un font deux! C'est peut-être elle, la coupable! Je vais en parler à la réunion demain soir.

Le lendemain soir, les gens du village se plaignent des mêmes problèmes : un être mystérieux qui s'introduit dans leur case alors que les portes et les fenêtres sont fermées, des bruits bizarres comme un coup de vent ou comme le vol d'un grand oiseau, la disparition de leurs biens... Ils voient bien que ce qui leur arrive n'est pas normal. Ils ont très peur. Alors, Cétout expose ses soupçons[8] :

—Je ne veux pas l'accuser sans preuve, dit Cétout, mais il va falloir surveiller la nouvelle arrivée.

—C'est vrai! dit le boucher du village, cette femme n'a jamais rien acheté chez moi. C'est clair : elle doit voler tout ce qu'il lui faut!

—C'est bien vrai! ajoute l'épicier, cette femme n'est jamais venue acheter quelque chose chez moi non plus. De quoi vit-elle sinon de ce qu'elle vole?

Tout le monde est fou de peur. Cétout, lui, n'a pas peur. Il dit :

—Cette femme est sûrement une sorcière[9]! Je vais aller observer ce qui se passe chez elle dès ce soir. Je vais même la surveiller toute la nuit.

—Fais bien attention, Cétout, dit le maire du village. On t'aime bien et, avec une créature comme celle-là, ta vie peut être en danger!

—Ne craignez rien. Je vais être prudent. Retrouvons-nous ici dans trois jours! D'ici là, soyons vigilants.

---

[8]**soupçons** suspicions   [9]**sorcière** witch

Le lendemain, dans l'après-midi, Cétout s'en va près de la maison de la vieille femme. Il monte dans un manguier[10] d'où il peut la voir agir à l'intérieur de sa case. Il reste là, caché dans le feuillage, à la surveiller. Au milieu de la nuit, il entend la femme chanter :

> *Djéba! Djéba! ma peau,*
> *Je t'en supplie, décolle[11] de mes os*
> *pour que je m'envole!*

Cétout ne voit pas ce que la vieille fait, car elle est près de sa porte. Cependant, quelques secondes plus tard, l'arbre dans lequel il se cache est secoué[12] par un grand coup de vent. Cétout comprend que son enquête avance. C'est sans doute la vieille qui s'est envolée. Il descend de son arbre et va regarder par la fenêtre ouverte. Comme il ne voit personne dans la case, il entre.

Ce que Cétout aperçoit alors est stupéfiant. Près de la porte, laissée par terre, il voit la peau de la vieille femme, comme un vêtement qu'on a enlevé. Il comprend tout : un soucougnan se cache sous l'apparence de cette femme!

Pour vérifier son hypothèse, Cétout retourne dans son arbre et attend le retour de la vieille. Au petit matin, après un autre coup de vent, il entend :

> *Djéba! Djéba! ma peau,*
> *Je t'en supplie, recolle[13] sur mes os!*

Alors, Cétout est sûr d'avoir percé le mystère. Il se dit :

—Sans sa peau, cette créature a la légèreté du vent. Elle peut voler et s'introduire dans les cases. C'est bien ça, un soucougnan.

Il retourne alors discrètement au village. Il va tout de suite voir sa tante qui est clairvoyante : elle connaît des secrets et des trucs[14] pour toutes les circonstances.

—Qu'est-ce qu'on fait quand on est en face d'un soucougnan? lui demande-t-il.

—De quoi parles-tu, Cétout?

—D'une créature qui enlève sa peau la nuit. Elle devient ainsi invisible. Elle peut donc entrer dans les maisons pour y commettre des méfaits!

---

[10]**manguier** mango tree
[11]**décolle** unstick
[12]**secoué** shaken

[13]**recolle** stick again
[14]**trucs** tricks

—Pour s'en débarrasser, dit la voyante, il faut l'empêcher de remettre sa peau avant le lever du soleil. Si on réussit, le soucougnan est détruit.

—Mais comment vais-je faire? demande Cétout.

—Tu n'as qu'à préparer un mélange[15] de piments[16] forts et de vinaigre et d'en frotter l'intérieur de la peau. Mais attention! un soucougnan, ça sait se défendre. Il peut être très violent!

Cétout veut sauver son village, même au risque de sa propre vie :

—Si je n'essaie pas de nous débarrasser de ce soucougnan, c'est peut-être tout le village qui sera démoli! Alors, je vais faire ce que je dois faire.

Au début de la nuit, Cétout se rend chez la créature et attend son départ. Dès qu'elle est sortie, il entre dans la case. Vite, il prend son mélange de piments forts et de vinaigre et il en frotte l'intérieur de la peau. Puis, il se cache derrière l'armoire, tout tremblant, et attend la suite des événements.

Après plusieurs heures, Cétout sent un coup de vent passer par la fenêtre : c'est la créature qui arrive. Il tend l'oreille : elle jette des objets sur la table. Puis, il l'entend chanter à peu près les mêmes mots que la veille :

Djéba! Djéba! ma peau,
Je t'en supplie, recolle sur mes os!

Après un moment, Cétout entend des lamentations :

Djéba! Djéba! ma peau,
Pourquoi me brûles-tu?

Cétout tremble. Ses dents claquent si fort dans sa bouche qu'il a peur d'être découvert. Cétout ne bouge pas. Le jour va bientôt se lever. Le soucougnan doit remettre sa peau, sinon il sera détruit. Cétout entend encore la chanson, plus faible cette fois :

Djéba! Djéba! ma peau,
Pourquoi m'abandonnes-tu?
Djé...ba... Djéba...

Bientôt, un coq chante. Le soleil se lève, un soleil radieux comme on le connaît dans l'île. Cétout tend l'oreille : il n'entend plus rien. Il attend encore puis il risque un pas..., puis deux pas..., puis trois pas. Il tremble, mais il ne voit rien. Il n'entend plus rien non plus. Alors, il avance près de la porte et découvre par terre la

---

[15]**mélange** mixture [16]**piments** peppers

peau séchée, comme noircie par le feu. Il ne voit rien d'autre. La vieille a disparu. C'était vraiment un soucougnan. Sur la table, Cétout voit la cueillette[17] de la nuit : des choux, des carottes, des mangues, un poulet et même une bouteille de rhum blanc.

Cétout a sauvé son village. Depuis ce temps et malgré son jeune âge — il n'avait pas encore ses dents de sagesse —, c'est lui qui est le maire.

Malheur à ceux qui viennent troubler le village!

~ *fin* ~

Après la lecture

Répondez aux questions en formant des phrases complètes chaque fois que c'est possible.

I. Normalement, comment vivaient les gens du village?
   a. Que faisaient les femmes?
   b. Que faisaient les hommes?
   c. Y avait-il quelques petits problèmes au village?

2. Un jour, la vie du village a changé. Décrivez les méfaits dont les gens se plaignaient.

3. Qu'est-ce que Cétout a découvert quand il est entré dans la case de la vieille femme la première fois? Choisissez la bonne réponse.
   a. Cétout a vu, sur la table, beaucoup de choses volées.
   b. Cétout a vu la peau de la femme étendue sur le sol.
   c. Cétout a vu un tas de riz sur la table.
   d. Cétout a vu une chèvre cachée derrière l'armoire.

4. Que faut-il faire, selon la tante voyante, pour se débarrasser du soucougnan?

---

[17]**cueillette** take

5. Complétez le texte en utilisant les mots suivants dans la forme qui convient au contexte :

vol	*bruit bizarre*	*soucougnan*
maire	*clairvoyant*	*dent de sagesse*
case	*détruire*	*se plaindre*

Un jour, les gens du village _____ des nombreux _____ commis durant la nuit dans leurs _____. Ils entendent aussi des _____. Cétout découvre que l'auteur de ces vols est un _____. Sa tante, qui est _____, lui dit comment le _____. Pour remercier Cétout d'avoir sauvé leur village, les gens le nomment _____, même s'il n'a pas encore ses _____.

6. Dans les phrases suivantes, deux mots sont écrits en gras. Ces deux verbes, qui s'écrivent de la même façon, n'ont pas le même sens.

—*Les gens se disent que la femme doit **voler** pour vivre.*

—*Sans sa peau, cette créature peut **voler** comme le vent.*

Comment traduisez-vous en anglais le verbe « voler » :
a. dans la première phrase?
b. dans la deuxième phrase?

7. Dans les phrases suivantes, à quel mot se rapporte le pronom écrit en gras? Choisissez la bonne réponse.

*Cétout se rend chez la créature et attend son départ. Dès qu'elle est sortie, il entre dans la case. Vite, il prend son mélange de piments forts et de vinaigre et il **en** frotte l'intérieur de la peau.*

a. Le pronom **en** se rapporte à Cétout.
b. Le pronom **en** se rapporte au soucougnan.
c. Le pronom **en** se rapporte à son mélange de piments et de vinaigre.

8. Trouvez dans le texte une phrase qui s'applique bien à l'illustration.

9. Quelles sont les qualités de Cétout?

10. Qu'est-ce que les gens du village ont fait pour remercier Cétout?

Depuis quand l'eau de la mer est-elle salée? (première partie)

Avant de faire la lecture du conte, répondez aux questions suivantes en formant des phrases complètes.

1. Regardez bien l'illustration. Qu'y voyez-vous?

2. Le personnage qui apparaît en rêve vous semble-t-il sympathique? Croyez-vous que le moulin à poivre[1] qu'il tient dans sa main a un rôle à jouer dans le conte?

3. Pensez-vous que le conte va expliquer de façon scientifique pourquoi l'eau de la mer est salée?

Introduction

Le récit suivant fait partie des contes « étiologiques », c'est-à-dire des contes qui donnent l'explication d'un phénomène naturel. Ces contes sont souvent fantaisistes et humoristiques. Les conteurs prennent plaisir à exagérer, et l'assistance enrichit. Elle crie « Oh! Oh! Eh-la! Ouf! » C'est plutôt un jeu d'imagination. C'est ce qui fait le charme de ces récits très populaires. Ici, le conteur imagine toute une histoire pour expliquer pourquoi l'eau de la mer est salée.

Certains détails de ce conte témoignent de la vie quotidienne des gens du peuple : conditions économiques, environnement, problèmes sociaux. Ce conte donne aussi une leçon de vie : avec de l'argent, un homme peut se faire appeler « Monsieur », mais la chance peut le quitter très vite! Ainsi va la roue de la vie!

---

[1]**moulin à poivre** pepper mill

∾ Depuis quand l'eau ∾ de la mer est-elle salée? (première partie)

Au début du monde, l'eau de la mer était douce comme celle des sources. Les hommes et les animaux pouvaient la boire. Cependant, un jour, la situation a changé. Voici comment cela est arrivé.

Il y avait une fois un homme très pauvre. Il s'appelait Gabi. Il manquait de tout. Il avait une toute petite case[2] faite de branches tressées[3] avec un toit de chaume[4]. Le soir, il dormait sur le sol, étendu sur une natte[5]. Il n'avait pas d'eau courante. Chaque jour, il devait aller chercher son eau à la source et la faire bouillir sur un petit feu de bois. Son rêve était d'avoir un petit jardin, mais il était trop pauvre pour cela. Devant sa porte, il avait à peine l'espace pour placer sa chaise.

Un après-midi très chaud, le pauvre Gabi va dans la forêt pour trouver un peu de fraîcheur. Il marche, marche, et marche en se demandant comment sortir de sa misérable condition, mais plus il réfléchit, moins il trouve de solution.

Quand le soleil commence à descendre, Gabi décide de revenir à sa case. Hélas, il ne trouve plus son chemin. Il va vers la droite : il ne s'y reconnaît pas. Il revient et part vers la gauche : il ne s'y reconnaît pas non plus. Il comprend alors qu'il est égaré[6]!

Le pauvre Gabi doit donc passer la nuit dans la forêt. Comme il a peur des animaux sauvages, il ne veut pas dormir sur le sol. Alors, il monte dans un arbre et s'installe sur une grosse branche. Il essaie de dormir, mais il n'est pas à son aise : la branche est très dure et il a peur de tomber. Au bout de quelques heures cependant, il s'endort.

Durant son sommeil, Gabi fait un rêve. Il voit un vieil homme, semblable à son propre père, qui lui sourit et lui dit :

—Gabi, mon fils, ta misère est finie. Au pied de cet arbre, il y a une roche noire. Soulève-la, et tu vas trouver un vieux moulin à poivre semblable à celui-ci, que je tiens dans ma main. Prends-le. C'est un moulin magique. Tourne la manivelle[7] en disant ces mots : *À la fortune, les bras croisés!*

---

[2]**case** hut
[3]**tressées** plaited
[4]**toit de chaume** thatched roof

[5]**natte** mat
[6]**égaré** lost
[7]**manivelle** crank

Tu peux alors lui demander tout ce que tu désires. Ensuite, quand ton vœu[8] est réalisé, tu dis : *Akikongo, le diable est dehors!* Alors, garde ton moulin à poivre pour l'occasion suivante. Tu ne vas plus jamais manquer de rien. Bonne chance, mon fils!

Gabi se réveille. Il comprend que ce rêve n'est pas un rêve ordinaire.

—Peut-être, se dit-il, que mon défunt[9] père a pitié de moi et qu'il veut m'aider en me parlant dans mon sommeil?

Alors, sans attendre le lever du soleil, Gabi descend de l'arbre. Il voit la roche noire. Tout excité, il la roule et trouve le vieux moulin à poivre. Il se croit encore dans son rêve!

Gabi se rappelle alors les paroles de son père : « Tourne la manivelle en disant : *À la fortune, les bras croisés!* » En tremblant, il tourne la manivelle et prononce les paroles magiques :

—*À la fortune, les bras croisés!* Je veux me retrouver chez moi!

À l'instant même, Gabi est devant sa pauvre case. Il est bien content.

—Ça marche! s'écrie-t-il.

Alors, il prononce l'autre formule :

—*Akikongo, le diable est dehors!*

Gabi entre donc dans sa case pour finir sa nuit. Il est heureux de se retrouver chez lui. Il s'y sent bien. Il se couche donc sur sa natte et il attend le sommeil. Cependant, une fois couché, il se dit :

—Je suis bien fou! Qu'est-ce que je fais ici, dans cette case misérable alors que je tiens là un moulin magique?

Gabi se lève donc et va chercher son moulin à poivre. Vite, il tourne la manivelle et il dit :

—*À la fortune, les bras croisés!* Je veux une belle grande maison et un bon lit!

À l'instant même, il voit s'élever un grand manoir : une maison de plus de dix pièces.

—Un vrai château! se dit-il. *Akikongo, le diable est dehors!* Entrons voir!

L'homme entre et visite son manoir. Toutes les pièces sont éclairées à l'électricité. C'est une maison merveilleuse, et meublée comme les maisons des riches. Gabi est vraiment excité. Il sort admirer sa propriété de l'extérieur.

---

[8]**vœu** wish   [9]**défunt** dead

—Comme c'est beau! Elle est tout illuminée! s'écrie-t-il. Allons essayer la chambre des maîtres : j'ai besoin de dormir!

Au moment où Gabi se couche dans sa belle grande chambre, le soleil se lève. Alors, tout excité, il décide de profiter du soleil pour admirer son château. Il voit bien qu'il ne rêve pas. Il se dit :

—Me voilà un vrai monsieur puisque je vis dans un vrai château! On devra maintenant m'appeler « Monsieur Gabi »!

Ce matin-là, Gabi, le nouveau propriétaire, entre en riant à haute voix dans son manoir. Il veut prendre son petit déjeuner dans sa nouvelle cuisine, toute bien équipée, mais ses idées tournent trop vite dans sa tête. Il n'a plus faim. Il monte à l'étage et regarde par la fenêtre :

—Avec un tel château, se dit-il, il me faut une plantation!

Gabi prend alors son moulin à poivre et dit :

—*À la fortune, les bras croisés!* Je veux une belle plantation de canne à sucre[10] derrière mon manoir!

Il voit immédiatement apparaître une immense plantation. Elle s'étend si loin qu'il n'en voit pas la fin!

—*Akikongo, le diable est dehors!* dit-il, plus que satisfait.

Gabi sort de son manoir. Il pense qu'il va se réveiller et que toute cette richesse n'est qu'un rêve. Soudain, il entend des pas derrière lui. Ce sont les ouvriers de sa plantation qui arrivent, la machette à l'épaule. Ils s'en vont travailler.

—Bonjour, Monsieur Gabi! disent-ils tous ensemble.

Notre Gabi est très heureux. Jamais il n'a osé espérer pareille situation.

à suivre...

Après la lecture

Répondez aux questions en formant des phrases complètes chaque fois que c'est possible.

I. À quoi pense Gabi en marchant dans la forêt? Choisissez la bonne réponse.
   a. Gabi pense à son père qui est mort.
   b. Gabi pense à son travail.
   c. Gabi pense à sa condition misérable.
   d. Gabi pense à ses nombreux amis.

---

[10]**canne à sucre** sugarcane

2. Où Gabi se couche-t-il cette nuit-là? Choisissez la bonne réponse.
   a. Gabi se couche par terre dans la forêt.
   b. Gabi se couche dans son lit.
   c. Gabi s'installe sur une grosse branche d'arbre.
   d. Gabi ne se couche pas parce qu'il a peur des bêtes sauvages.

3. Que se passe-t-il durant la nuit? Choisissez la bonne réponse.
   a. Gabi voit son père en rêve.
   b. Gabi dort toute la nuit jusqu'au matin.
   c. Gabi tombe sur une roche noire au pied de l'arbre.

4. Pouvez-vous trouver la signification de la formule magique *À la fortune, les bras croisés?* Expliquez-la dans vos propres mots.

5. À l'aide du moulin magique, Gabi voit trois de ses vœux se réaliser. Quels sont ces vœux? Répondez par des phrases complètes.

6. Complétez le texte en utilisant les mots suivants dans la forme qui convient au contexte :

vœu	*s'endormir*	*moulin à poivre*
rêve	*défunt*	*s'installer*

   Gabi _____ sur une branche d'arbre et _____. Son _____ père lui apparaît en _____. Il lui dit comment trouver un _____ magique et lui apprend la formule pour voir tous ses _____ se réaliser.

7. Dans les phrases suivantes, à quel mot se rapporte le pronom « y »?
   a. *Il va vers la droite : il ne s'y reconnaît pas.*
      Le pronom **y** se rapporte à _____.
   b. *Il revient et va vers la gauche : il ne s'y reconnaît pas non plus.*
      Le pronom **y** se rapporte à _____.

8. Trouvez dans le texte une phrase qui s'applique bien à l'illustration.

9. Relevez des détails du conte qui nous donnent des informations sur la façon de vivre des gens du peuple.

Depuis quand l'eau de la mer est-elle salée? (deuxième partie)

∽ Depuis quand l'eau ∽ de la mer est-elle salée? (deuxième partie)

Depuis que Gabi a son moulin magique, ses journées se passent à regarder les autres travailler. Il croit avoir tout ce qu'un homme peut espérer. Quand il a besoin de quelque chose, il prend son moulin à poivre et il n'a qu'à faire un désir : *À la fortune, les bras croisés!* Gabi devient de plus en plus riche grâce au travail de ses serviteurs. Il doit même engager un intendant, un travailleur qui a beaucoup de prestige, pour surveiller les autres travailleurs.

Un jour, l'intendant, qui n'en peut plus de voir ses amis se tuer au travail, vient dire à Gabi :

—Monsieur, il faut engager dix autres hommes. Même si nous travaillons très fort douze heures par jour, ce n'est pas suffisant : la moisson[1] est trop abondante.

—Pas de problème! répond Gabi. Quand tu vas arriver au champ de canne à sucre, les dix hommes seront là!

---

[1]**moisson** harvest

—Mais il faut aussi dix autres machettes pour ces nouveaux ouvriers.

—Pas de problème! répond l'heureux propriétaire. Attends-moi sur la galerie[2] un instant. Je te les apporte dans deux minutes.

L'intendant se demande comment son maître peut trouver tout ce qu'il lui demande, et cela, si rapidement. Il se doute[3] que quelque chose sort de l'ordinaire. Il s'approche donc de la fenêtre ouverte et voit son maître tourner la manivelle d'un drôle de moulin à poivre en prononçant les paroles : « *À la fortune, les bras croisés! Je veux dix machettes neuves!* » Il voit immédiatement apparaître magiquement dix machettes neuves.

Il n'en croit ni ses yeux ni ses oreilles :

—Ce moulin à poivre fait des merveilles. Il me le faut! Si jamais je mets la main dessus, à nous la chance! Je viens d'apprendre comment le faire fonctionner! Mes amis et moi aussi, nous allons être des messieurs! Chacun son tour : ainsi tourne la roue de la vie!

À partir de ce moment, l'intendant cherche l'occasion de prendre possession du moulin magique. Il y pense jour et nuit en se disant :

—Notre maître a tout ce qu'il désire. Il est assez riche pour vivre dans l'abondance jusqu'à cent ans. De toutes façons, je ne vais pas lui voler son moulin mais seulement le lui emprunter : quand je serai riche à mon tour et quand j'aurai délivré mes amis, je le lui rapporterai.

Un matin, l'intendant voit son maître partir à la plantation. Alors, il se dit :

—C'est ma chance! Je vais en profiter pour prendre le moulin magique.

Il entre donc dans le manoir, il prend le moulin à poivre et le cache dans ses poches.

Le soir même, l'intendant rassemble ses dix meilleurs amis, des serviteurs comme lui, et leur dit :

—Écoutez-moi bien. La misère est finie pour nous. Nous n'allons plus travailler comme des esclaves sous le soleil douze heures par jour. J'ai trouvé un bateau abandonné. Ne perdons pas notre vie ici. Suivez-moi, chers amis!

Les amis de l'intendant ont confiance en lui. La nuit suivante, ils embarquent sous le clair de lune en apportant toutes leurs provisions.

---

[2]**galerie** gallery   [3]**se doute** suspects

Ce soir-là, le chef d'équipe révèle son secret à ses amis :

—Nous n'avons plus rien à craindre.

Il leur montre alors le moulin magique et leur explique ce qu'il sait :

—Grâce à ce fameux moulin, nous pouvons obtenir tout ce que nous désirons.

Pour le moment, tout ce que les hommes désirent, c'est la liberté! Ils l'ont et ne demandent rien de plus. Ils commencent une nouvelle vie et font confiance à leur chef.

Le chef et ses amis sont maintenant en mer depuis deux jours. Le voyage se passe agréablement. Ils se reposent, ils dorment et ils mangent les repas qu'ils se préparent en chantant. Dans quelques jours, ils vont arriver dans une île et, grâce au moulin magique, ils vont avoir tout ce qu'il leur faut pour vivre. Ils sont heureux!

Après trois jours de voyage en mer, le cuisinier du jour vient leur dire :

—Nous n'avons plus de sel. Les repas vont être moins bons. Je suis désolé.

Le chef lui répond :

—Mais où est le problème? Du sel, tu vas en avoir dans deux minutes!

Le chef prononce alors pour la première fois la formule magique :

—*À la fortune, les bras croisés!* Il nous faut du sel tout de suite!

Immédiatement, du moulin magique, il sort du beau sel bien fin et bien blanc. Tous les hommes applaudissent.

Cependant, le sel continue toujours de sortir du moulin. Il sort beaucoup de sel, une montagne de sel.

—C'est assez! dit le cuisinier. Je n'en veux pas tant! Nous en avons assez pour des années!

Le chef d'équipe veut empêcher le sel de sortir, mais il ne connaît pas la formule pour arrêter cette magie-là! Alors, le sel continue de s'accumuler : le pont du bateau[4] en est bientôt rempli. Bientôt, sous le poids du sel, le bateau commence à renverser. Il est bientôt englouti[5] par la mer qui se referme sur lui.

---

[4]**pont du bateau** deck of the boat   [5]**englouti** swallowed, submerged

Tous les passagers se sont noyés[6], et le sel continue toujours de sortir du moulin magique. C'est depuis ce temps que l'eau de la mer est salée.

~ *fin* ~

Après la lecture

Répondez aux questions en formant des phrases complètes chaque fois que c'est possible.

1. Pourquoi l'intendant se doute-t-il que quelque chose sort de l'ordinaire?

2. Quand l'intendant regarde par la fenêtre du manoir de son maître, qu'est-ce qu'il voit? Qu'est-ce qu'il entend?

3. Pourquoi l'intendant ne peut-il pas arrêter le sel de sortir du moulin magique? Choisissez la bonne réponse.
   a. parce que le moulin est tombé dans la mer.
   b. parce qu'il ne connaît pas les paroles pour arrêter la magie.
   c. parce qu'il a oublié les paroles magiques.
   d. parce que le moulin ne reconnaît pas sa voix.

4. Qui est le personnage principal :
   a. de la première partie du conte?
   b. de la seconde partie du conte?

5. Donnez un titre à chacune des deux grandes parties du conte.

6. Trouvez dans le texte une phrase qui s'applique bien à l'illustration.

---

[6]**noyés** drowned

7. Dans la phrase suivante, à quel mot se rapporte chacun des pronoms en caractères gras? Choisissez la bonne réponse.

*Notre maître est assez riche pour vivre dans l'abondance jusqu'à cent ans. De toutes façons, je ne vais pas voler son moulin mais seulement **le lui** emprunter.*

   a. Le pronom *le* se rapporte
      i.   à Gabi.
      ii. à l'intendant.
      iii. au moulin à poivre.
   b. Le pronom *lui* se rapporte
      i.   à Gabi.
      ii. à l'intendant.
      iii. au moulin à poivre.

8. Quel est le personnage que vous trouvez le plus sympathique dans ce conte? Donnez les raisons de votre réponse.

9. Imaginez une autre fin à ce conte.

10. Selon vous, l'intendant a-t-il eu raison de prendre le moulin magique? Que pensez-vous de son slogan : « Chacun son tour : ainsi tourne la roue de la vie! » Discutez-en en français oralement ou par écrit.

11. Expliquez d'une façon plus scientifique pourquoi l'eau de la mer est salée. Aidez-vous d'une encyclopédie.

DEPUIS QUAND CHIEN, CHAT ET RAT SONT-ILS ENNEMIS?

Avant de faire la lecture du conte, répondez aux questions suivantes en formant des phrases complètes.

1. Quels personnages voyez-vous dans l'illustration?

2. Après avoir lu l'introduction et le titre du conte, pouvez-vous imaginer ce qui va se passer?

Introduction

Le conte suivant parle de l'affranchissement[1] des esclaves. En effet, après de longues années de bon travail, un esclave pouvait se voir offrir la liberté par son propriétaire. C'est ce qui arrive ici à Chien.

Le choix du personnage du chien pour obtenir la lettre d'affranchissement n'est pas innocent : on sait que, quand un esclave cherchait à fuir[2], ce sont les chiens qui le ramenaient à son maître. Cet esclave était alors sévèrement puni. Le maître accorde ici un traitement de faveur à ce fidèle serviteur.

⁓ DEPUIS QUAND CHIEN, ⁓ CHAT ET RAT SONT-ILS ENNEMIS?

Il y avait, en ce temps-là dans l'île, un riche exploitant[3] de canne à sucre[4]. Il avait de nombreux esclaves qui travaillaient pour lui, mais il les traitait plutôt bien et mettait en valeur les talents de chacun.

Parmi les esclaves, il y avait Chien, Chat et Rat. Tous les trois étaient de vrais amis. Ils ne faisaient pas le même travail, mais on les voyait toujours ensemble le soir.

---

[1]**affranchissement** setting free
[2]**fuir** to run away

[3]**exploitant** farmer
[4]**canne à sucre** sugarcane

Chien était portier : il recevait les visiteurs et s'occupait de la sécurité de son maître. Il avait un nez capable de détecter les visiteurs indésirables. Il avait toujours, de mémoire de chien, été le serviteur fidèle du même maître.

Chat, lui, était responsable de la bonne tenue[5] des employés. Il était lui-même un modèle de distinction et de propreté. Chaque matin, il passait en revue[6] tous les gens de la maisonnée et vérifiait leur toilette[7].

Rat était responsable du courrier : il devait ronger[8] les enveloppes pour les ouvrir et les donner ensuite à son maître. Il adorait son travail, même s'il ne savait pas lire. En fait, son ignorance avait été un atout[9] pour obtenir ce bel emploi!

Un soir, après une longue journée de travail, Chat et Rat se promènent en attendant Chien. Ils sont un peu inquiets : leur ami, ordinairement si ponctuel, n'arrive pas. Soudain, ils entendent quelqu'un qui vient vers eux en chantant :

—La la la! La la la! Que la vie est belle! La la la! La la la!

Ils ne reconnaissent pas Chien qui, ordinairement, est très calme.

> —Mais qu'est-ce qui te rend si joyeux? lui demandent ses
> deux amis.
> —La la la! La la la! La la la! La la la! Devinez[10] ce qui
> m'arrive! répond Chien.
> —Je donne ma langue au chat[11]! dit Rat.
> —On ne te comprend pas! dit Chat. Explique-toi!
> —Mes amis, je sais que vous allez partager ma joie!

En prononçant ces mots, Chien tend à ses deux amis un certificat :

> —C'est ma lettre d'affranchissement!

Chat et Rat regardent le papier :

> —Une lettre d'affranchissement! Tu veux dire que tu es
> maintenant libre?
> —Je vais être libre demain, après être passé devant le
> Gouverneur, répond Chien, visiblement ému[12].
> —Nos félicitations! Tu le mérites bien! répondent les deux
> amis.
> —Nous allons célébrer ça chez nous, ajoute Chat.

---

[5]**bonne tenue** good behavior
[6]**passait en revue** would inspect
[7]**toilette** outfit
[8]**ronger** to gnaw

[9]**atout** advantage
[10]**Devinez!** Guess!
[11]**donne ma langue au chat** give up
[12]**ému** moved

Les trois amis vont donc chez Chat pour fêter l'événement[13].
La soirée se passe bien. Tard dans la nuit, quand Chien veut
aller dormir, Chat lui dit gentiment :

—Laisse-moi conserver ta lettre! Il pleut beaucoup; tu vas la
salir[14]. Je vais te la donner demain matin. Mets-la dans ce
pot. Elle y sera en sécurité.

Chien accepte la proposition de son ami :

—D'accord! Je vais venir demain matin. Ce sera l'occasion de
te montrer ma toilette!

Or, durant la nuit, Rat devient nerveux. La jalousie le rend
malade.

—Pourquoi Chien serait-il libre, et pas moi? se dit-il.

Rat se ronge les ongles[15]. Il ne peut pas dormir. Il se lève et va
sur la pointe des pattes[16] chez Chat voir la fameuse lettre.

—Comme ce papier sent bon! se dit-il en caressant le document.

Rat ne peut se retenir : il ronge un coin, et un autre, et un autre.
Il a bientôt dévoré toute la lettre. C'est tout un festin[17]! Le
pauvre Rat en a mal au ventre.

Le lendemain matin, Chien arrive, vêtu[18] superbement :

—Quelle élégance! s'écrie Chat en l'embrassant.

—Donne-moi vite la lettre d'affranchissement, dit Chien. Je
ne veux pas être en retard!

Alors, Chat ouvre la boite et s'écrie :

—Mais où est donc ta lettre d'affranchissement? Je l'avais
bien mise là! Quelqu'un l'a volée!

—Que dis-tu là? crie Chien, exaspéré.

—Ta lettre n'est plus dans la boîte!

—À cause de toi, dit Chien, je ne serai jamais libre! Tu me
fais manquer la chance de ma vie! Je ne veux plus te voir
jamais! Adieu! dit Chien en s'en allant.

Chat est découragé. Des larmes coulent de ses beaux yeux verts.

—J'aurais aimé que nous restions amis, se dit-il. Mais qui a
donc pu prendre cette lettre?

Alors, Chat va voir Rat, qui dort profondément. Il devine tout.

—Réveille-toi, Rat! dit Chat. Est-ce toi qui as pris la lettre de
Chien?

—J'avais faim, dit Rat. Ce papier était un vrai régal[19]!

---

[13]**l'événement** event
[14]**salir** to soil, to get dirty
[15]**ongles** nails
[16]**sur la pointe des pattes** on tiptoe

[17]**festin** feast
[18]**vêtu** dressed
[19]**régal** delight

—À cause de toi, Chien ne peut pas devenir libre! De plus,
j'ai perdu ce bon vieil ami! Je ne veux plus te voir!
Sur ces paroles, Chat quitte Rat. Il est très malheureux.

Depuis ce temps, Chat et Chien sont ennemis; Rat et Chat le
sont aussi! Et Chien est toujours l'esclave de son maître!

~ *fin* ~

Après la lecture

**Répondez aux questions en formant des phrases
complètes chaque fois que c'est possible.**

1. Dites quel était l'emploi des trois animaux de ce conte et
   comment chacun remplissait sa fonction.

2. Pourquoi Chat propose-t-il à Chien de garder son certificat
   dans un pot chez lui? Choisissez la bonne réponse.
   a. Chat veut détruire le document pendant la nuit.
   b. Chat veut empêcher la pluie de briser le document.
   c. Chat veut écrire son propre nom sur le document.

3. Que se passe-t-il durant la nuit?

4. Quand Chien revient chercher son certificat, que se passe-t-il?

5. Complétez le texte en utilisant les mots suivants dans la forme
   qui convient au contexte :

Chat	*ronger*	*félicitations*
Rat	*dévorer*	*affranchissement*
salir	*il pleut*	

   Chien va montrer sa lettre d'_____ à ses amis. Chat et Rat lui
   offrent leurs _____ sincères. Comme _____, Chat offre à
   Chien de garder sa lettre pour ne pas la _____. Durant la
   nuit, Rat, jaloux, va _____ la lettre et la _____
   complètement. Désormais, Chien n'est plus l'ami de _____,
   et Chat n'est plus l'ami de _____.

6. Trouvez dans le texte une phrase qui s'applique bien à
   l'illustration.

7. Comprenez-vous la réaction de Rat? Avez-vous déjà été
   témoin d'une situation semblable?

8. Composez un paragraphe qui montre la suite de l'histoire.

Guadeloupe

Superficie : 1 780 km²

★ **Chef lieu :** Basse-Terre

Population : 443 000 habitants (Guadeloupéens)

Statut : département français d'outre-mer (1946)

La Guadeloupe est la plus grande des Antilles françaises. Elle est située à 2 900 km de l'Amérique du Nord. Elle est formée de deux îles reliées par une étroite bande de terre. Ce sont Basse-Terre, région montagneuse et volcanique, et Grande-Terre qui, malgré son nom, est la plus petite des deux.

Les premiers habitants de la Guadeloupe ont été les Indiens Arawaks venus du Venezuela. Ces derniers ont été exterminés par la tribu Caraïbes vers le IXᵉ siècle. Christophe Colomb y est arrivé en 1493. — Il est intéressant de noter que, à ce moment-là, les deux îles étaient encore séparées par un bras de mer, qui s'est comblé par la suite. — À partir de 1635, les Français colonisent la Guadeloupe : en 1946 elle devient un département français d'outre-mer, puis région en 1974. À ce titre, elle est le centre administratif régional de plusieurs îles des environs : au nord, Saint-Martin et Saint-Barthélémy; au sud, la Désirade, les Saintes et Marie-Galante.

La Guadeloupe a délaissé peu à peu les plantations de canne à sucre et la production de bananes à cause de la concurrence des grands marchés. Le plus grand nombre des emplois de ce centre administratif régional se trouvent maintenant dans la fonction publique; le tourisme est un autre important secteur d'emploi.

ATTENTION!
LE CYCLONE ARRIVE!

POUR COMMENCER... ⬡⬡⬡⬡⬡⬡⬡⬡⬡

Avant de faire la lecture du conte, répondez aux questions suivantes en formant des phrases complètes.

1. Dans l'illustration on voit un bouc[1] et un lapin. Que font-ils?

2. Après avoir lu l'introduction et le titre du conte, avez-vous une idée de ce qui se passe?

Introduction

L'action du conte se passe durant la saison des cyclones[2]. En Guadeloupe, c'est la saison des pluies, « l'hivernage[3] » qui dure de juillet à octobre. Les orages[4] sont souvent importants, et les cyclones sont fréquents. On se souvient des importants cyclones Hugo, en 1989, et Luis, en 1995.

Dans ce conte, on voit notre ami Lapin. C'est un personnage bien populaire dans les contes des Antilles. Ce petit animal plein d'astuce[5] peut vaincre des animaux beaucoup plus gros que lui grâce à sa finesse d'esprit[6] et à sa ruse.

Lapin représente les gens du peuple, parce qu'il n'est ni grand ni très fort mais il triomphe par son esprit. Il n'est pas démuni pour autant. Sa puissance à lui vient de sa rapidité d'esprit mais aussi de son astuce. Son premier objectif est toujours de sauver sa peau. Ainsi on voit qu'il n'a pas de scrupules moraux et qu'il méprise non seulement les gens trop puissants mais aussi les gens trop faibles. Ici, il fait face à Bouc, ce personnage qui, dans les contes populaires, représente la bêtise et la naïveté.

Entre les animaux, c'est la loi du plus fort. N'en est-il pas aussi parfois de même entre les humains?

---

[1]**bouc** goat
[2]**cyclones** cyclones; hurricanes
[3]**hivernage** rainy season

[4]**orages** storms
[5]**astuce** trickery
[6]**finesse d'esprit** cleverness

⚬ ATTENTION! LE CYCLONE ARRIVE! ⚬

En ce temps-là, tout le monde commençait à manquer de provisions. On était en plein hivernage, et la moisson[7] précédente n'avait pas été bien abondante.

Ce jour-là, Lapin se promène pour oublier sa faim. Il arrive bientôt devant la case[8] de Bouc. Il frappe à la porte entrouverte[9], mais personne ne répond. Il regarde à l'intérieur et il voit que Bouc est absent. Alors, il entre.

En mettant les pieds dans l'unique pièce de la case de Bouc, Lapin a une agréable surprise. Ses narines[10] respirent une très bonne odeur. Elles se dilatent pour mieux en profiter. Il voit beaucoup de bonnes choses : des pattes de cochon[11] salées, des patates douces, des bananes plantain, des mangues, des papayes et des cocos. Lapin croit rêver : il y a là de la nourriture pour dix personnes, alors que lui, il meurt de faim.

Lapin cherche le moyen d'emporter chez lui cette bonne nourriture. Il se demande comment faire, car il voit venir Bouc. Il faut qu'il invente vite une histoire! Alors, il a une idée. — On sait qu'il n'en manque pas! — Quand Bouc arrive près de chez lui, Lapin sort de la maison en criant :

—Alerte! Bouc! Alerte! J'étais venu t'avertir, mais tu n'étais pas chez toi. J'étais très très inquiet pour toi!

—Que se passe-t-il, Lapin? Qu'est-ce qui te met dans cet état?

—Tu n'as pas entendu? On vient d'annoncer au porte-voix[12] que le cyclone arrive!

—Le cyclone arrive? Ai-je bien entendu? Entrons vite dans la maison! dit Bouc.

—Mais non! répond Lapin. Ta case va être emportée[13] par le vent. Personne ne doit rester dans sa maison. Tu n'as donc pas entendu? Il faut fuir[14], et vite! Tu dois tout laisser ici et fuir! On doit se mettre à l'abri[15]! Pour ma part, je vais me cacher bien à l'abri sous terre.

—Tu es chanceux d'être petit, répond Bouc affolé[16]. Pauvre moi, que dois-je faire? Je ne peux pas me cacher sous terre; je suis bien trop gros!

---

[7]**moisson** harvest
[8]**case** hut
[9]**entrouverte** half open
[10]**narines** nostrils
[11]**pattes de cochon** pig's feet

[12]**porte-voix** bullhorn
[13]**emportée** carried away
[14]**fuir** to run away
[15]**à l'abri** under cover
[16]**affolé** panic-stricken

—Je ne vois qu'une façon de sauver ta peau, répond Lapin. Si tu le désires, je vais t'attacher solidement à ce gros manguier[17].

—Oui, attache-moi bien serré. Hâte-toi[18], Lapin!

Lapin ne perd pas de temps. Il attache solidement Bouc au manguier.

—Merci, Lapin. Je vais me souvenir de ta gentillesse! Tu as risqué ta vie pour me mettre en sécurité. Merci! Merci!

Alors, Lapin se met à courir non pas vers sa case mais vers celle de Bouc : il entre et ramasse toutes les provisions qu'il voit. Il se dit :

—Ce soir, je vais faire la fête!

Quant à Bouc, il espère que quelqu'un va passer pour le détacher. Il s'est encore fait avoir[19] par le malicieux Lapin! Il va s'en souvenir longtemps!

~ *fin* ~

Après la lecture

Répondez aux questions en formant des phrases complètes chaque fois que c'est possible.

1. Pourquoi Lapin se promène-t-il ce jour-là? Choisissez la bonne réponse.
   a. Pour trouver de quoi manger.
   b. Pour fuir le cyclone.
   c. Pour oublier sa faim.
   d. Pour sa santé.

2. Qu'est-ce que Lapin découvre dans la case de Bouc?

3. Quel plan Lapin fait-il pour voler les provisions de Bouc?

4. Dans la phrase suivante, à quel mot se rapporte le pronom écrit en gras?

   *Lapin se met à courir non pas vers sa case mais vers **celle** de Bouc.*

---

[17]**manguier** mango tree
[18]**Hâte-toi,** Hurry,

[19]**s'est encore fait avoir** has been had again

5. Complétez le texte en utilisant les mots suivants dans la forme qui convient au contexte :

case cyclone malicieux
odeur provision (se) faire avoir
narine

Lapin trouve de bonnes _____ dans la _____ de Bouc. Ses _____ sont charmées par la bonne _____ de la nourriture. Il dit alors à Bouc qu'un _____ approche et qu'il faut se sauver. Bouc se laisse attacher à un arbre. Il s'est encore _____ par le _____ Lapin!

6. Trouvez dans le texte une phrase qui s'applique bien à l'illustration.

7. Le monde des animaux est un monde plein de compétition et de cruauté. Donnez-en des exemples à partir de votre expérience.

8. On ne peut blâmer un animal de ne pas partager ce qu'il a avec ceux qui n'ont rien. Mais pensez-vous que les humains agissent différemment? Dites en français ce que vous en pensez, oralement ou par écrit.

DEPUIS QUAND LES ALLIGATORS ONT-ILS LA PEAU BRUNE ET RACORNIE?

POUR COMMENCER...

Avant de faire la lecture du conte, répondez aux questions suivantes en formant des phrases complètes.

1. Quelle famille d'animaux voyez-vous dans l'illustration? Que font-ils?

2. Reconnaissez-vous le personnage qui se tient à l'arrière-scène? Pourriez-vous vous faire une idée de son rôle dans l'histoire? Sinon, lisez bien l'introduction du conte.

Introduction

Le conte suivant fait partie du cycle de Malice, cet astucieux[1] Lapin qui aime tellement jouer des tours[2] même à ses amis, comme le petit Gator, l'alligator qui vit dans le marais[3].

DEPUIS QUAND LES ALLIGATORS ONT-ILS LA PEAU BRUNE ET RACORNIE[4]?

Au début des temps, tous les animaux étaient amis : le chat jouait avec le chien, le loup avec l'agneau, le renard avec la poule, les alligators avec les lapins. Avec le temps, cependant, certaines rivalités sont apparues, comme le démontre l'histoire suivante.

Un jour, Alligator dit à son bon ami, Lapin :

—Pourquoi toi, Lap, ne viens-tu pas vivre avec moi, dans l'eau? On y est si bien!

—Tu m'embêtes avec tes questions, Gator. Moi, je vis sur la terre parce que j'aime ça. Voilà tout.

---

[1]**astucieux** cunning
[2]**jouer des tours** to play tricks
[3]**marais** swamp
[4]**racornie** hardened

—Mais on est si heureux dans l'eau! Viens donc jouer avec moi, Lap! Tu vas voir comme c'est amusant.

—Arrête d'insister, Gator! Moi, je préfère m'amuser en dehors de l'eau! répond Lapin, impatient.

—Alors, puisque tu ne veux pas venir vivre dans l'eau avec moi, c'est moi qui vais aller vivre sur terre avec toi, dit Alligator.

—Tu es mieux dans l'eau, Gator, insiste Lapin.

—Non, Lap. Je suis ton ami et je veux vivre avec toi.

—Je te conseille de rester où tu es, Gator. Sur terre, on rencontre plein de tourments.

—Qu'est-ce que c'est, Tourment? demande Alligator. Je veux le connaître!

Lapin est impatienté. Il se dit que, après tout, il a une bonne occasion de jouer un tour à son ami et de rire un peu. On sait que jouer des tours, c'est la distraction préférée de Lapin. Et, comme d'habitude, il a une bonne idée en tête. Alors, il dit à Alligator :

—Gator, si tu veux connaître Tourment, tu dois venir le rencontrer!

—Décris-le-moi, Lap, afin que je puisse le reconnaître, dit Alligator.

—Décrire Tourment? C'est impossible, Gator. Il prend diverses formes. Viens plutôt le rencontrer demain dans le champ voisin, dit Lapin en riant dans sa barbe[5]. Je te promets que tu vas le rencontrer.

—D'accord, dit Alligator. Demain, je vais aller te rejoindre dans le champ et tu vas me présenter Tourment.

—Promis! répond Lapin. À demain!

Le lendemain matin, Alligator lave sa belle peau toute blanche et toute lisse[6]. Il se rince bien les yeux. Il brosse ses longues dents. Alors, fier de son apparence, il admire son image dans l'eau. Sa femme lui dit :

—Mais où vas-tu comme ça, mon mari? Ta peau est si blanche qu'elle m'éblouit[7] la vue!

—Je m'en vais rencontrer Tourment, dans le champ voisin.

—Tourment? Je veux le connaître moi aussi! dit sa femme.

—Pas question. Toi, tu restes ici avec le petit et avec ma sœur et ses enfants! dit Alligator, avec autorité.

---

[5]**en riant dans sa barbe** laughing in his sleeve   [7]**éblouit** dazzles
[6]**lisse** smooth

Dès qu'Alligator sort de l'eau, sa femme réunit la famille : elle, la sœur d'Alligator et tous leurs enfants suivent son mari dans le champ. Ils veulent tous connaître Tourment.

Une fois rendu dans le champ, Alligator cherche son ami Lapin partout, mais Lapin s'est caché :

—Lap! Lap! Où es-tu? Lap! Lap! crie Alligator.

Lapin veut rire. Il a un plan mais il lui faut attendre un peu. Le pauvre Alligator marche, marche, marche, mais il ne trouve toujours pas Lapin. Il s'éloigne[8] peu à peu du marais où il vit dans l'humidité rafraîchissante et douce. Au bout de quelques heures, Alligator est épuisé. Il a très soif. Alors, il s'étend dans l'herbe fraîche. Sa femme, sa sœur et les enfants qui le suivent décident de l'imiter. Tous les alligators dorment bientôt dans le champ.

C'est le moment attendu par le farceur.

Voyant la famille de son ami bien endormie, Lapin frappe ensemble deux roches pour faire une étincelle[9] et allume un feu d'herbe sèche, question de faire une surprise à ses visiteurs et de rire un peu. Bientôt, une fumée épaisse[10] s'élève au-dessus du champ. Les pauvres alligators ne peuvent presque plus respirer.

—Qu'est-ce que c'est, cette chose noire, Gator? dit la femme.

—Tu es là, ma femme? dit Alligator, étonné.

—Les enfants et moi, nous voulions aussi connaître Tourment! Où est-il?

—J'imagine que c'est lui, Tourment. Lapin m'a dit que j'allais le trouver ici. Regarde comme il est noir! dit Alligator en regardant la fumée.

—Et il devient tout rouge maintenant, répond sa femme. Il devient aussi très chaud!

—Comme il sent fort! disent les petits alligators en versant de grosses larmes. Retournons vite dans l'eau!

Les pauvres alligators doivent se sauver rapidement. Ils sont obligés de passer à travers l'herbe en feu pour retourner à leur marécage. Leur belle peau blanche est maintenant toute brûlée. Elle est noircie et remplie de cloques[11] douloureuses. Avec peine, les yeux remplis de larmes et en suffoquant, ils retrouvent enfin leur chemin.

---

[8]**s'éloigne** goes away
[9]**étincelle** spark

[10]**fumée épaisse** thick smoke
[11]**cloques** blisters

En arrivant à leur marécage, Alligator et sa famille sautent dans l'eau rafraîchissante.

—Ouf! Ce qu'on est bien chez soi! disent-ils tous ensemble.

La peau de nos amis est très douloureuse. Ils ne veulent plus revoir Tourment, maintenant qu'ils le connaissent. Ils resteront désormais[12] dans l'eau ou sur le rivage[13], toujours prêts à y sauter si Tourment se présente.

Depuis ce jour, la peau d'Alligator est toute noire et racornie comme un vieux tronc d'arbre. Il n'est plus ami du tout avec ce vilain Lapin qui a voulu rire de lui d'une façon si dangereuse. Si jamais Lapin se présente, Alligator et sa famille vont montrer les dents! Aussi, Lapin se tient loin.

~ *fin* ~

Après la lecture

Répondez aux questions en formant des phrases complètes chaque fois que c'est possible.

1. Pourquoi Alligator demande-t-il à Lapin de venir vivre dans l'eau? Choisissez la bonne réponse.
   a. Il veut rire de Lapin qui ne sait pas nager.
   b. Lapin est son ami et il veut vivre avec lui.
   c. Lapin aime l'eau.

2. Alligator veut rencontrer un personnage qu'il ne connaît pas. C'est pourquoi il va dans le champ. Qui est ce curieux personnage?

3. Comment était, selon le conte, l'apparence d'Alligator autrefois? Comment est-elle maintenant?

4. Que fait la femme d'Alligator quand son mari part pour la campagne? Choisissez la bonne réponse.
   a. Elle l'attend dans l'eau.
   b. Elle le suit dans la campagne avec toute sa famille.
   c. Elle prend un bain de soleil et admire sa belle peau blanche dans l'eau du marécage.

---

[12]**désormais** from now on   [13]**rivage** shore

5. Selon vous, Lapin a-t-il une bonne idée en allumant un feu d'herbe? Donnez les raisons de votre réponse.

6. Complétez le texte en utilisant les mots suivants dans la forme qui convient au contexte :

   fumée   *marécage*   *tronc d'arbre*
   respirer   *feu d'herbe*   *jouer un tour*
   farceur

   Lapin est un _____. Alors, il veut _____ à son ami Alligator. Il décide d'allumer un _____ pour faire peur à son ami. Les pauvres alligators ne peuvent plus _____ à cause de la _____. Ils reviennent péniblement à leur _____. Leur peau ressemble maintenant à un vieux _____.

7. Trouvez dans le texte une phrase qui s'applique bien à l'illustration.

8. Vous est-il déjà arrivé de jouer des tours? Si oui, pensez-vous que les victimes de ces tours en ont subi des inconvénients? Discutez-en en français avec vos amis.

MALICE ET BOUKI
FONT ÉQUIPE

Avant de faire la lecture du conte, répondez aux questions suivantes en formant des phrases complètes.

1. Lisez d'abord le titre du conte. Vous avez déjà rencontré le lapin et le bouc[1] dans le conte « Attention! le cyclone arrive! » Donnez quelques caractéristiques de chacun d'eux.

2. Pensez-vous que l'équipe va bien fonctionner? Donnez les raisons de votre réponse.

3. Regardez maintenant l'illustration. Lequel des deux personnages semble le plus satisfait? Avez-vous une idée de ce qui se passe?

Introduction

Le conte suivant fait partie du fameux cycle de Bouki et Malice. On y voit l'astucieux[2] lapin Malice tromper un passant et profiter des services de Bouki, le gros bouc naïf. Encore une fois, le petit Malice, grâce à sa débrouillardise[3], se montre plus fort qu'un humain et qu'un gros bouc stupide et sans imagination.

Le message est clair : il ne faut pas imiter Bouki. Mieux vaut être rusé comme Malice, qui triomphe de la bêtise et de la platitude[4] des gens trop crédules, même plus importants que lui.

Il n'est pas anormal dans un conte de voir un lapin et un bouc devenir soudain carnivores. Les animaux des contes présentent, en plus des caractéristiques de leur race, certains caractères humains, comme la parole, le vêtement, les mœurs[5] et les sentiments.

---

[1]**bouc** goat
[2]**astucieux** cunning
[3]**débrouillardise** resourcefulness

[4]**platitude** flatness, dullness
[5]**mœurs** lifestyle

✺ MALICE ET BOUKI FONT ÉQUIPE ✺

Cette année-là, l'île souffrait d'une très grande chaleur. Tous les champs étaient desséchés[6] et ravagés par les sauterelles[7]. Sous un soleil brûlant, les gens et les animaux étaient épuisés. Ils ne trouvaient rien à boire ni à manger.

Un matin, le gros Bouki et le petit Malice se promènent. Ils cherchent quelque chose à manger, mais ils ne trouvent rien. Tout le petit gibier[8] est caché — quand il n'est pas déjà mort de faim — et les champs sont secs. Alors, ils décident de faire équipe : à deux, croient-ils, ils ont plus de chances de trouver quelque chose à manger. Tout en discutant, ils s'installent sous un arbre près de la route.

Au bout d'un moment, nos deux amis entendent quelqu'un venir. C'est le boucher du village. Il porte sur la tête un énorme plateau. Lapin et Bouki pensent qu'il y a peut-être là une bonne affaire.

—Cet homme me semble porter sur sa tête quelque chose de bien alléchant[9]! dit Bouki. Qu'en penses-tu, Malice?

—En effet. J'en ai bien l'impression, dit l'astucieux Malice. Je vais aller vérifier.

Malice réfléchit un peu à la façon de s'y prendre pour mettre la patte sur le plat. Tout de suite, il a une idée. Il dit à Bouki :

—Donne-moi la corde que tu as trouvée tantôt[10] et regarde-moi bien. Quand je vais te faire signe, viens m'aider! Apporte aussi cette bûche[11] : tu vas la mettre dans le plateau quand je vais te le dire.

Malice enroule la corde autour de sa taille et, sans perdre une minute, il s'approche du boucher en souriant :

—Bonjour, Monsieur. Vous allez au village?

—Oui, répond le boucher, tout en sueur[12].

—J'y vais aussi. Puis-je marcher avec vous? dit Malice.

—Quelle bonne idée! répond le boucher. Je n'aime pas marcher seul, surtout avec un poids comme ça sur la tête et par une telle chaleur!

Malice fait donc quelques pas aux côtés de l'homme :

—Vous devez mourir de chaleur, Monsieur, avec ce lourd plateau sur votre tête!

---

[6]**desséchés** dry
[7]**sauterelles** grasshoppers
[8]**gibier** game
[9]**alléchant** appetizing

[10]**tantôt** just
[11]**bûche** log
[12]**tout en sueur** sweating

—C'est mon travail, répond le boucher. Je dois livrer ce gigot
   d'agneau pendant qu'il est frais.

Malice est content : il a bien deviné. Il sait que son intuition
sera récompensée par un bon dîner. Il lui faut donc maintenant
mettre la patte sur le morceau de viande :

—Traînez[13] plutôt votre plateau avec cette longue corde,
   dit-il au boucher en lui donnant la corde qu'il a comme
   ceinture. Comme ça, vous n'aurez plus à le porter. Il fait si
   chaud!
—Bonne idée! répond l'homme. Merci, Lapin!

Le boucher attache donc le plateau à la corde et il continue son
chemin en le traînant derrière lui.

—Ça va mieux comme cela, n'est-ce pas? demande Malice.
—Oui, dit le boucher en se retournant pour vérifier que son
   plateau le suit toujours. Vous êtes vraiment bien gentil!

Malice se met alors à raconter une de ses aventures au boucher
afin de garder son attention. Il ne veut pas que le livreur de
viande se retourne. Puis, comme l'homme semble en confiance,
Malice fait signe à Bouki d'approcher.

Le bouc s'approche alors du plateau sur la pointe des
sabots[14]. Il prend le gigot et le remplace par le morceau de bois.
Il se sauve ensuite rapidement sous son arbre avec le bon gigot.
Bouki a très faim en pensant au festin qu'il va faire tantôt avec
Malice.

Quand Malice voit que l'opération est terminée, il dit au
boucher :

—Oh! Mais qu'est-ce que je fais là? J'avais promis à ma
   femme d'aller la chercher à midi! J'avais complètement
   oublié. Je dois vous quitter. Bonne route!
—Allez, allez. Je comprends, répond l'homme : il ne faut
   jamais faire attendre une femme! Je vais marcher seul.
   Merci de votre compagnie!

Malice se sauve alors le plus rapidement possible et va
retrouver Bouki. Il se dit en lui-même :

—Cette bonne idée vient de moi. J'ai le droit d'en profiter
   plus que ce stupide bouc qui attend tout de moi! Je vais
   tenter de l'éloigner[15] un peu.

Malice arrive tout essoufflé[16] auprès de Bouki. Il lui dit, après
avoir trouvé un bon plan pour s'en débarrasser :

---

[13]**Traînez** Drag   [15]**éloigner** draw away
[14]**sur la pointe des sabots** on tiptoe   [16]**essoufflé** out of breath

—Ouf! Il fait si chaud! Je meurs de soif! Laisse-moi le temps d'aller boire un peu.

—Ah! Tu dis que tu veux aller boire? Penses-tu qu'il y a une source[17] près d'ici? dit Bouki, étonné.

—Oui, il y en a une pas très loin d'ici. C'est mon secret.

—Vas-y, répond Bouki. Je t'attends ici. Moi aussi, je meurs de soif. Si tu as la gentillesse de me dire où elle est, je vais y aller ensuite.

Malice fait semblant de partir, mais il se cache derrière un buisson[18] pour surveiller Bouki. Heureusement, le bouc ne touche pas à la viande. Alors, le lapin revient auprès du bouc et fait semblant de revenir de loin, encore essoufflé. En s'essuyant la bouche, il dit à Bouki :

—Cette eau rafraîchit vraiment! Vas-y donc toi aussi! Je t'attends ici.

—Où est-elle donc, cette belle source? répond Bouki.

—Tu vois ce petit sentier[19] dans les buissons? C'est tout droit. Tu montes jusqu'en haut. Sous les buissons tu vas trouver la source. Surtout, n'en parle à personne, sinon tout le monde va y aller, et nous, nous allons manquer d'eau!

Bouki part donc à son tour dans le bois. Il trouve que Malice est vraiment un bon ami pour lui : d'abord, il leur trouve un gigot et, maintenant, une belle source d'eau fraîche!

Quand Bouki est assez loin, Malice simule une attaque. Il prend une voix effrayée[20] et crie pour se faire entendre de Bouki :

—Non! Non! Ce n'est pas moi! Ce n'est pas moi qui ai volé votre viande, Monsieur!

Ensuite, Malice crie en imitant la voix du boucher :

—Dis-moi qui a volé ma viande, sinon, je te tue.

—Ce n'est pas moi.

—C'est qui alors?

—C'est... père Bouki!

—Où est-il, ce Bouki, que je l'assassine! crie-t-il d'une voix forte.

—Il est parti par là! crie Malice.

En entendant cela, Bouki se sauve, en courant, le plus loin qu'il peut. Il oublie même sa soif et s'enfuit au fin fond des bois. Il se dit :

---

[17]**source** spring
[18]**buisson** bush
[19]**sentier** path
[20]**effrayée** frightened

—Mieux vaut vivre affamé[21] que mourir l'estomac plein!
Bouki n'est jamais revenu.

Encore une fois, Malice a gagné : il a eu toute la viande pour lui!

~ *fin* ~

Après la lecture

Répondez aux questions en formant des phrases complètes chaque fois que c'est possible.

1. Quelles étaient les conditions atmosphériques cette année-là dans l'île?

2. Pourquoi Bouki et Malice font-ils équipe?

3. Parmi les deux groupes de caractéristiques suivantes, lequel rattachez-vous à Bouki? Choisissez la bonne réponse :
   a. la rapidité, l'intelligence, la ruse;
   b. la crédulité, l'obéissance, la serviabilité.

4. Pourquoi Malice met-il la corde autour de sa taille? Choisissez la bonne réponse :
   a. pour tenir son pantalon en courant.
   b. pour attacher les mains du boucher.
   c. pour traîner le plateau.
   d. pour s'en faire un lasso.

5. À quel mot se rapporte le pronom « en » écrit en caractères gras dans le texte qui suit?

   *Malice arrive tout essoufflé auprès de Bouki. Il lui dit, après avoir trouvé un bon plan pour s'**en** débarrasser : « Ouf! Il fait si chaud! Je meurs de soif! Laisse-moi le temps d'aller boire un peu. »*

   Choisissez la bonne réponse :
   a. au gigot
   b. au boucher
   c. à Bouki

---

[21]**affamé** starving

6. Que fait Malice pour chasser Bouki au loin et garder le gigot pour lui seul? Choisissez la bonne réponse.
   a. Il dit à Bouki que la viande est à lui parce que c'est lui qui a eu l'idée.
   b. Il dit à Bouki que la viande est pourrie.
   c. Il part avec le gigot dans le bois.
   d. Il fait croire à Bouki que le boucher veut le tuer.

7. Complétez le texte en utilisant les mots suivants — que vous ferez précéder de l'article si nécessaire :

rusé	bûche	boucher
gigot	traîner	plateau
corde		

   Bouki et Malice voient passer _____ sur la route. Il tient sur sa tête _____ bien lourd. Malice, qui est un lapin bien _____, suggère au boucher de _____ le plateau au moyen d'_____. Il fait signe à Bouki de venir remplacer _____ par _____.

8. Qui vous semble le plus sympathique : Bouki ou Malice? Donnez les raisons de votre réponse.

9. Pensez-vous que Bouki avait mérité sa part? Et Malice, est-ce qu'il méritait une plus grande part?

10. Trouvez-vous que la loi du plus fort, qui existe chez les animaux, existe aussi parfois chez les êtres humains? Discutez-en en français avec vos amis.

11. Imaginez une autre aventure entre Bouki et Malice.

Sainte-Lucie

Superficie : 616 km^2

★ **Capitale :** Castries

Population : 150 000
habitants (Saint-Luciens);
242 hab./km^2

Monnaie : dollar des
Caraïbes orientales

Statut : État indépendant
dans le Commonwealth
(1979)

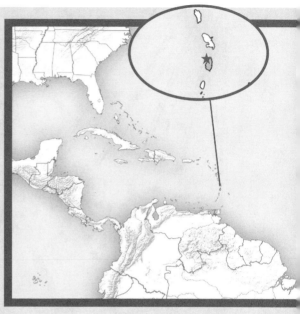

L'île de Sainte-Lucie est située à environ 30 km au sud de la Martinique. Les premiers habitants de cette île d'origine volcanique ont été les indiens Arawaks, puis les Caraïbes. Les Espagnols sont arrivés au XVe siècle. Ces derniers lui ont donné le nom de Santa-Lucia pour remplacer celui de Iouanalao donné par les Indiens et qui signifiait *pays des iguanes.*

Cette île a été disputée par plusieurs puissances dont, surtout, l'Angleterre et la France. On y parle un créole à base lexicale française où se mêlent des mots anglais.

Indépendante depuis 1979, Sainte-Lucie est l'île des Antilles qui a le mieux conservé l'empreinte de l'ancienne influence française. On y trouve des villages aux noms bien français, comme Dauphin, Marquis, Choiseul, Soufrière. C'est aussi celle où l'on trouve les paysages les plus renommés des Antilles comme le cratère fumant du mont Soufrière.

Aujourd'hui, cette île, dont le sol est peu apte aux cultures agricoles et aux cultures de plantation, vit surtout du Tourisme.

8

LE RÊVE DU PÈRE MACAQUE

Avant de faire la lecture du conte, répondez aux questions suivantes en formant des phrases complètes.

1. Dans l'illustration, vous voyez le singe[1] Macaque. D'après son attitude, quels sont ses sentiments?

2. En vous aidant du titre du conte, pouvez-vous deviner de quoi parle Macaque au Bon Dieu?

Introduction

Le héros du conte suivant est bien connu de tous les gens des Caraïbes : il s'agit du singe Macaque. C'est un personnage naïf[2] et un peu bête. Il est la caricature de l'homme fort physiquement mais peu débrouillard[3]. Il est toujours pris dans des situations bizarres. Il lui arrive des aventures qu'il ne comprend pas. Macaque est souvent victime des autres, particulièrement quand ils sont rusés comme Lapin. Il est fait pour rester dans la misère. Dans ce conte, cependant, il nous donne une leçon de sagesse.

On peut s'étonner de voir, dans un conte des Antilles, le personnage de Macaque, car on sait bien qu'il n'y a pas de singes Macaques dans ces îles. On en trouve cependant en Afrique. On voit bien que ce conte, comme plusieurs autres, est d'origine africaine. Les esclaves noirs qu'on faisait venir d'Afrique dans les îles pour les plantations y arrivaient avec leur culture bien vivante : leurs mœurs, leurs croyances, leur imaginaire. Cette culture reste toujours présente où qu'ils vivent.

---

[1]**singe** monkey
[2]**naïf** naive

[3]**débrouillard** smart, resourceful

⤜⤳ LE RÊVE DU PÈRE MACAQUE ⤳

Dans ce temps-là, il y avait une grande sécheresse[4]. Presque rien ne poussait[5] dans les champs. Macaque habitait la campagne avec sa femme et ses huit enfants. Il n'arrivait pas à nourrir sa famille, car ni lui ni aucun de ses enfants ne trouvaient de travail. Il possédait bien un petit jardin, mais il n'y poussait pas grand-chose. En fait, la famille Macaque vivait dans la misère.

Un soir, Macaque se couche sur sa natte[6] pour dormir. Il pense qu'il est bien malheureux et qu'il aimerait bien être riche pour mieux nourrir sa famille. Il finit par s'endormir.

Cette nuit-là, Macaque fait un rêve merveilleux : il se trouve au milieu d'un immense jardin. Lui, Macaque, sa femme et ses enfants, après un bon repas, cueillent[7] des fruits et des légumes qu'ils vont aller vendre au marché. Macaque est heureux. Ses enfants rient; sa femme travaille en chantant. C'est exactement le genre de vie qu'il aime.

Malheureusement, au petit matin, Macaque se réveille, le ventre aussi creux[8] que la veille. Alors, en bon père de famille, Macaque décide d'aller directement voir le Bon Dieu :

—Bonjour, Bon Dieu.

—Bonjour, Macaque. Qu'est-ce qui t'amène à moi si tôt?

—Bon Dieu, je n'en peux plus. Tout va mal. Je veux vous demander quelque chose.

—Vas-y, Macaque. Si je peux te rendre heureux, je ne demande pas mieux.

—Bon Dieu, vous le pouvez. C'est bien simple. Vous le savez : je suis pauvre et malheureux. Or, cette nuit, j'étais heureux, car j'avais tout ce que je voulais : des fruits, des légumes et, surtout, de la joie pour toute la famille. Cependant, en me réveillant ce matin, j'étais retombé dans ma misère. Pourquoi donc les rêves ne sont-ils pas vrais?

—Que désires-tu, Macaque?

—Bon Dieu, je veux voir, à l'avenir, mes rêves se réaliser.

—Si cela peut te rendre heureux, d'accord, Macaque! Je te l'accorde!

---

[4]**sécheresse** drought
[5]**poussait** was growing
[6]**natte** mat

[7]**cueillent** gather
[8]**creux** empty

Père Macaque revient tout heureux chez lui. Il trouve la journée bien longue, car il a hâte[9] d'aller dormir. Ce soir-là, il se couche très tôt. Il appelle le sommeil et se programme un beau rêve : il veut retourner dans le même jardin que la nuit précédente, satisfait et heureux, avec sa femme et ses enfants autour de lui.

Hélas, cette nuit-là, Macaque rêve que sa femme et ses enfants souffrent d'une maladie grave et que lui-même n'a plus que quelques heures à vivre. Le pauvre Macaque n'a jamais été aussi malheureux.

Au petit matin, quand il se réveille, Macaque se sent tout content d'être encore en vie. Il regarde sa femme et ses enfants qui dorment encore. Alors, il se dit :

—Je les laisse dormir; sinon, mon rêve va se réaliser! Et moi, qui n'ai que quelques heures à vivre, je dois faire vite! Je n'ai pas une minute à perdre. Allons vite voir le Bon Dieu.

Macaque se lève donc sans faire de bruit et, en courant, retourne voir le Bon Dieu.

—Bonjour, Bon Dieu.

—Bonjour, Macaque. Qu'est-ce qui t'amène encore à moi si tôt?

—Bon Dieu, c'est vous qui aviez raison. Les rêves ne sont que des rêves. Je vous en prie, laissez-les comme ils étaient. Soyez compréhensif[10] et exaucez[11] ma prière au plus vite. Je ne veux plus de ce changement.

—D'après ce que je vois, tu as fait un mauvais rêve cette fois, Macaque?

—Vous avez raison, Bon Dieu. J'ai fait un horrible rêve. Empêchez-le, s'il vous plaît, de se réaliser!

—Je t'aime bien Macaque, répond le Bon Dieu en souriant. Je vais exaucer ta prière. Tu ne vas pas mourir et ta femme et tes enfants vont se réveiller en santé. Ne t'inquiète pas.

Macaque est content. Il retourne chez lui en dansant. Quand il arrive, sa femme et ses enfants sont réveillés. Sa femme lui dit :

—Tu as l'air de bien bonne humeur aujourd'hui, Macaque. Tu as dû bien dormir.

—Oui, ma femme. Je me suis surtout bien réveillé. La vie est belle!

---

[9]**a hâte** is anxious
[10]**compréhensif** understanding

[11]**exaucez** grant

Depuis ce temps, Macaque accepte la vie telle qu'elle est. Il ne désire plus la changer selon ses rêves.

~ *fin* ~

Après la lecture

Répondez aux questions en formant des phrases complètes chaque fois que c'est possible.

1. Pourquoi Macaque va-t-il voir le Bon Dieu la première fois? Choisissez la bonne réponse :
   a. parce qu'il ne peut plus dormir.
   b. parce qu'il ne veut plus rêver.
   c. parce qu'il veut voir ses rêves se réaliser.
   d. parce qu'il ne veut pas voir ses rêves se réaliser.

2. Pourquoi Macaque va-t-il voir le Bon Dieu la deuxième fois? Choisissez la bonne réponse :
   a. parce qu'il ne peut plus dormir.
   b. parce qu'il ne veut plus rêver.
   c. parce qu'il veut voir ses rêves se réaliser.
   d. parce qu'il ne veut pas voir ses rêves se réaliser.

3. Complétez le texte en utilisant les mots suivants dans la forme qui convient au contexte :

rêve	*se réaliser*
natte	*nourrir*

   Le pauvre Macaque n'arrive plus à _____ sa famille. Il est malheureux. Une nuit, il se couche sur sa _____ et fait un _____ merveilleux. Il va demander au Bon Dieu de voir ses rêves _____.

4. Trouvez dans le texte une phrase qui s'applique bien à l'illustration.

5. Avez-vous déjà fait un rêve que vous voudriez voir se réaliser? Contez-le en français à vos amis ou racontez-le par écrit.

6. Quelle leçon pouvons-nous tirer de ce conte?

7. Inventez une autre fin pour ce conte.

9 Sainte-Lucie

L'ODEUR DU REPAS

Introduction

Le conte suivant est du genre anecdotique. Il comporte une réflexion sociale intéressante : la pauvreté matérielle peut cacher une grande richesse d'esprit.

L'ODEUR DU REPAS

Il y avait un jour un homme qui était très riche. Il avait une belle maison donnant sur[1] la mer; il avait aussi de nombreux serviteurs. Il mangeait toujours dans les meilleurs restaurants.

Un jour, notre homme se rend au bout de l'île à un restaurant connu pour sa fine cuisine. Il commande la spécialité de la maison : un plat de langouste[2] relevé d'une petite sauce bien épicée. L'assiette qu'on lui apporte toute chaude dégage[3] un si bon arôme qu'elle lui met l'eau à la bouche.

Au même moment, un autre homme entre dans le restaurant et s'assoit juste en face de notre gourmet. À voir ses vêtements, on devine qu'il n'a pas beaucoup d'argent en poche. En fait, c'est la bonne odeur du repas qui l'a fait entrer. Le pauvre homme ne lit même pas le menu : il commande un petit pain avec un verre d'eau. Il mange lentement son maigre repas tout en humant[4] avec gourmandise la bonne odeur du repas du riche client.

---

[1]**donnant sur** overlooking
[2]**langouste** crayfish
[3]**dégage** gives out
[4]**en humant** smelling

Quand les deux hommes ont fini leur repas, l'homme riche se lève et se prépare à quitter l'endroit. Celui qui n'a mangé que du pain se lève à son tour et dit d'un air réjoui :

—C'était un excellent repas.

—Comment cela? demande le serveur.

—Il sentait très bon, répond le pauvre homme en regardant l'assiette vide du riche client.

L'homme riche se retourne alors en colère et lui dit :

—Comment cela? Tu n'as rien payé et tu profites de l'odeur de mon repas? C'est injuste! Je vais te citer en justice devant le Conseil du village. Tu n'as pas le droit de profiter de ce que tu n'as pas payé.

Quelques jours plus tard, les deux hommes se retrouvent devant le Conseil du village :

—Vous êtes accusé d'avoir profité de l'odeur du repas de Monsieur sans l'avoir payé, dit le porte-parole[5] du Conseil.

—C'est vrai : j'ai grandement profité de l'odeur de cet excellent repas. J'en garde d'ailleurs un excellent souvenir! répond le pauvre homme.

—Nous vous déclarons coupable. Vous devez payer une somme de 50 dollars en notre présence.

—Mais je n'ai pas cette somme! Je dois aller l'emprunter, répond l'accusé.

—Allez la chercher. Nous vous attendons.

Le pauvre homme court chez le marchand du village, qui est un de ses amis, et lui demande de lui prêter 50 pièces de un dollar pendant quelques heures. Puis, il retourne devant le Conseil avec une chaudière[6] de métal et un sac contenant l'argent.

—Avez-vous l'argent? demande le porte-parole du Conseil.

—Oui, répond l'accusé.

—Déposez-le aux pieds du plaignant.

Le pauvre homme met alors la chaudière de métal aux pieds de l'homme riche et y jette une à une les pièces de monnaie en faisant beaucoup de bruit :

---

[5]**porte-parole** spokesman   [6]**chaudière** bucket

—Messieurs, j'ai profité de l'odeur du repas de cet homme. C'est vrai. Maintenant, il doit se contenter de profiter du son de mon argent.

Le conseil du village a trouvé l'homme très sage. Justice était faite!

~ *fin* ~

Après la lecture

Répondez aux questions en formant des phrases complètes chaque fois que c'est possible.

1. Que fait le pauvre homme dans le restaurant? Choisissez toutes les bonnes réponses.
   a. Il commande la même chose que l'homme riche.
   b. Il commande un verre d'eau et du pain.
   c. Il demande la charité à l'homme riche.
   d. Il s'assoit à une table en face de l'homme riche.
   e. Il hume l'odeur du repas de l'homme riche.
   f. Il vole l'assiette de l'homme riche.

2. De quelle injustice l'homme riche se plaint-il au Conseil du village? En quoi consiste la défense de l'homme pauvre? Répondez par des phrases complètes.

3. Complétez le texte en utilisant les mots suivants dans la forme qui convient au contexte :

odeur	*citer en justice*
hume	*gourmandise*
profiter	*langouste*

   L'homme riche a devant lui une assiette de _____ qui dégage une _____ bien agréable. Le pauvre homme n'a que du pain à manger, mais il _____ avec _____ la bonne odeur du repas de l'homme riche. Celui-ci le _____ en l'accusant de _____ de ce qu'il n'a pas payé.

4. À quelle catégorie grammaticale (nom, adjectif, verbe) appartient chacun des deux mots écrits en gras dans le texte suivant :

L'accusé dit au juge que l'homme riche doit maintenant se contenter du son de son argent.
a. se contenter du **son**
b. de **son** argent

5. Trouvez dans le texte une phrase qui s'applique bien à l'illustration.

6. Quelles sont, selon vous, les qualités de l'homme pauvre? Donnez les raisons de votre réponse.

7. Le personnage principal du conte est un homme du petit peuple, sans moyens matériels. Malgré tout, il remporte une victoire sur un homme riche et sans doute puissant. Pouvez-vous faire un rapprochement entre cet homme et quelques personnages des contes que vous connaissez?

Martinique

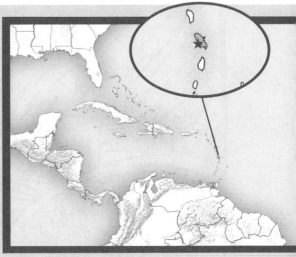

Superficie : 1 082 km^2

★ **Chef-lieu :** Fort-de-France

Population : 389 000
habitants (Martiniquais)

Statut : département
français d'outre-mer (1946)

La Martinique est une île située à peu près au centre de l'arc formé par les Antilles. Elle mesure 80 kilomètres du nord au sud et 35 de l'est à l'ouest.

La Martinique a été d'abord peuplée par les indiens Arawaks, qui l'ont appelé Madinia, c'est-à-dire « Île aux fleurs ». Ils ont été suivis par les Caraïbes. En 1502, Christophe Colomb est arrivé à l'île lors de son deuxième voyage. La colonisation française y a débuté en 1635. L'île est, depuis 1946, un département français.

Dans le nord de l'île, derrière les plages et les jolis villages de pêcheurs, c'est la forêt vierge, les montagnes et les vallées. C'est au sud de l'île que sont les grands établissements hôteliers; on y trouve les plages parmi les plus belles des Antilles.

L'histoire de cette île à la végétation de rêve est marquée par la colonisation et l'esclavage. Les Martiniquais sont des Noirs et des métis, à plus que 90 % descendants des esclaves qu'on faisait venir d'Afrique pour travailler. Cette pratique inhumaine a été bannie par une loi en 1848. Malgré leur sombre passé, les Martiniquais sont joyeux et chaleureux. Leur sens de l'hospitalité est apprécié des touristes. Les produits de la Martinique sont surtout les fruits tels que les bananes, les ananas et la canne à sucre. Le tourisme constitue maintenant le principal revenu de l'île.

LE LANGAGE DES ANIMAUX

POUR COMMENCER...

Avant de faire la lecture du conte, répondez aux questions suivantes en formant des phrases complètes.

1. Observez bien l'illustration du conte et dites :
   a. quels sont les trois « personnages » que vous voyez dans l'illustration;
   b. quelle est l'attitude de l'homme envers le petit serpent;
   c. quelle est l'attitude du garçon.

2. D'après le titre du conte, vous faites-vous une idée de ce qui va se passer?

Introduction

La communication entre les animaux a toujours fasciné les hommes. Dans le folklore de plusieurs pays (en Afrique, en France, en Amérique, dans les îles...), on trouve des contes portant sur le langage des animaux. Le conte suivant témoigne[1] d'une des valeurs fondamentales des gens qui vivent près de la nature : le respect de la vie sous toutes ses formes.

LE LANGAGE DES ANIMAUX

Il y avait une fois un homme qui vivait près de la forêt avec son fils. Il avait perdu sa femme et il élevait seul son garçon. Il s'efforçait[2] de lui donner une bonne éducation, mais le fils ne voulait rien entendre.

L'homme aimait beaucoup la nature. Tout l'intéressait : les arbres, les plantes, les animaux, les roches, les ruisseaux[3]. Cependant, jamais il n'avait réussi à sensibiliser son fils aux beautés de la nature. Le garçon était plutôt paresseux et ne s'intéressait à rien.

---

[1]**témoigne** shows
[2]**s'efforçait** was doing his utmost

[3]**ruisseaux** brooks

Un jour, alors qu'il se promène dans un champ, l'homme entend une petite voix appeler au secours. Cette voix semble venir de sous une roche. L'homme se penche, soulève[4] la roche et voit un tout petit serpent qui a l'air bien faible. Il prend le petit animal dans sa main et l'emporte chez lui pour le soigner.

En arrivant à la maison, l'homme prépare un petit nid[5] pour le serpent avec du sable et quelques petites roches. Il lui donne à boire et va lui chercher quelques insectes à manger. Son fils le regarde faire et rit de lui :

—Un serpent! Pauvre papa! Laisse-le mourir! C'est une bête horrible.

Le père n'écoute pas les remarques de son fils. Il continue de soigner l'animal.

—C'est un être vivant[6], répond-il, et il a toute ma sympathie.

Le lendemain matin, le petit serpent est tout guéri. Il dit à son sauveteur :

—Je vous remercie de m'avoir sauvé la vie! Je vous prie de venir chez mon père. Il va vous récompenser de votre bonté pour moi.

—Je n'ai pas besoin de récompense dit l'homme. Ce qui me fait plaisir, c'est de voir que tu es revenu à la santé.

—Vous avez été bien bon pour moi. Vous savez, mon père est très puissant.

—Merci encore, mais je ne veux pas de récompense, répète l'homme.

—Mon père a le pouvoir de vous accorder vos désirs! Comme vous aimez les animaux, pourquoi ne pas lui demander de comprendre leur langage? Vous allez les aimer encore plus! Voyez, nous parlons ensemble depuis quelques instants et vous me comprenez : demandez d'avoir ce pouvoir pour toujours et avec tous les animaux!

—Bonne idée! dit l'homme. Amène-moi chez ton père.

L'homme suit donc le petit serpent à travers les champs. Ils arrivent bientôt à un gros rocher. Là, un énorme serpent, d'au moins sept mètres de long, sort d'une fissure.

—C'est mon père! dit fièrement le petit serpent.

En apprenant que l'homme a sauvé la vie de son enfant, le grand serpent lui dit :

---

[4]**soulève** lifts
[5]**nid** nest

[6]**être vivant** living thing

—Demande-moi ce que tu veux, mon ami. Veux-tu ces pièces d'or que j'ai là dans un coffret[7]? Veux-tu la puissance? les honneurs? Que désires-tu?

—À mon âge, que puis-je désirer? La puissance ou la gloire? Qu'est-ce que cela va me donner? répond le père. Je n'ai pas besoin d'argent non plus : ce que j'aime, c'est de vivre dans la nature. Ton fils a sans doute raison. Fais-moi le don de comprendre le langage des animaux. C'est mon plus grand désir.

—Tu es sage, dit le serpent. Ton désir est réalisé. Cependant, tu dois promettre de ne révéler ton secret à personne.

L'homme part, tout joyeux. Il n'est pas plus riche qu'auparavant, mais il peut maintenant comprendre ce que se disent les animaux qu'il aime tant.

En quittant le serpent et son fils, l'homme entend des oiseaux jaser[8] entre eux. Il est émerveillé. Il s'étend donc sous un arbre et écoute leur conversation :

—Regarde donc cet homme! Il ne sait pas qu'il est couché sur un trésor, dit un merle[9].

—Malheureusement, nous ne pouvons pas parler le langage des humains. Comment lui dire que ce trésor est enterré là depuis au moins cent ans et que personne n'en profite!

En entendant cette conversation, l'homme se lève et gratte la terre avec une roche plate[10]. Il ne trouve rien.

—On dirait qu'il nous a compris, dit un autre merle, mais il doit chercher un peu plus à gauche!

L'homme gratte un peu plus à gauche. Soudain, il sent quelque chose de dur. Il gratte un peu plus profondément et il trouve le fameux trésor. C'est un coffret rempli de bijoux précieux, de pièces d'or et de diamants :

—Les oiseaux ont dit vrai! J'ai refusé l'or du serpent, mais me voici quand même riche! De plus, maintenant, je vais profiter de la sagesse de mes amis les animaux puisque je les comprends. Une nouvelle vie commence pour moi! Ah! si je pouvais partager ce plaisir avec mon fils, je serais le plus heureux des pères.

L'homme rentre donc chez lui, tout heureux. Pendant plusieurs années, il mène avec son fils une vie sans problèmes matériels. Ils ont tout l'argent qu'il leur faut pour se nourrir, acheter des vêtements et même pour se payer des distractions.

---

[7]**coffret** small decorated box
[8]**jaser** chatting

[9]**merle** blackbird
[10]**plate** flat

Depuis qu'il peut comprendre le langage des animaux, l'homme cherche toujours leur compagnie. Il partage maintenant leurs secrets et comprend mieux leur façon de vivre. Il est presque parfaitement heureux.

Hélas! son fils lui cause beaucoup de soucis. Il a des amis peu recommandables, il ne veut pas étudier et refuse d'apprendre un métier. Le père est bien triste de voir son fils ainsi. Il en devient malade et perd toute son énergie.

Le garçon gaspille[11] vite toute la richesse de son père. Bientôt, le père et le fils sont redevenus aussi pauvres qu'avant. Alors, le garçon essaie de savoir comment son père a trouvé sa fortune. Il veut devenir riche à son tour. Le pauvre père refuse de manquer à sa parole[12] et il meurt bientôt en emportant avec lui son secret. Son fils, d'ailleurs, était incapable de le partager. Le fils reste donc pauvre toute sa vie; il ne sait même pas travailler.

～ fin ～

Après la lecture

Répondez aux questions en formant des phrases complètes chaque fois que c'est possible.

1. Quel est le principal intérêt du père, en dehors de son fils?

2. Qu'est-ce qui caractérise le fils? Choisissez la bonne réponse.
   a. Le fils aime autant la nature que son père.
   b. Le fils aime les serpents.
   c. Le fils aide son père à prendre soin des petits animaux.
   d. Le fils ne s'intéresse à rien.

3. Pourquoi le petit serpent veut-il amener l'homme chez son père?

4. Quel désir le serpent réalise-t-il pour le sauveteur de son fils? Choisissez la bonne réponse.
   a. Le serpent lui donne un coffret de bijoux et de pièces d'or.
   b. Le serpent lui fait le don d'aimer la nature.
   c. Le serpent lui fait le don de comprendre les animaux.
   d. Le serpent lui fait le don de la santé.

---

[11]**gaspille** wastes   [12]**manquer à sa parole** to break his word

5. Complétez le texte en utilisant les mots suivants dans la forme qui convient au contexte :

serpent   *comprendre*   *paresseux*
coffret   *gaspiller*   *s'efforcer*
métier   *récompense*

Le père _____ de donner une bonne éducation à son fils. Cependant, le garçon est _____ et il ne veut pas apprendre un _____. Un jour, le père soigne un petit _____. Ce dernier veut l'amener chercher sa _____ chez son père. L'homme demande le don de _____ le langage des animaux. Grâce à ce don, il comprend ses amis, les oiseaux, et il trouve un _____ rempli de trésors. Hélas, le fils _____ tout l'argent de son père et finit sa vie dans la misère, car il ne sait même pas travailler.

6. Trouvez dans le texte une phrase qui s'applique bien à l'illustration.

7. Dans le texte suivant, à qui se rapporte le pronom écrit en caractères gras? Choisissez la bonne réponse.

   *Le père et le fils ont tout l'argent qu'il **leur** faut pour se nourrir, se vêtir et même pour se payer des distractions.*

   a. Le pronom **leur** se rapporte à père.
   b. Le pronom **leur** se rapporte à fils.
   c. Le pronom **leur** se rapporte à père et à fils.
   d. Le pronom **leur** se rapporte à argent.

8. Trouvez-vous que le père a raison de soigner le petit serpent? Qu'auriez-vous fait à sa place? Donnez les raisons de votre réponse oralement ou par écrit.

9. Pensez-vous que, en général, les enfants partagent les intérêts de leurs parents? Donnez les raisons de votre réponse oralement ou par écrit.

10. Composez une autre fin pour ce conte.

DEPUIS QUAND LA CARAPACE DE LA TORTUE EST-ELLE CREVASSÉE?

Avant de faire la lecture du conte, répondez aux questions suivantes en formant des phrases complètes.

1. Observez bien l'illustration du conte et dites :
   a. ce que font l'araignée[1] et la tortue[2];
   b. quelle apparence a la carapace[3] de la tortue.

2. D'après le titre du conte, pouvez-vous imaginer ce qui va se passer?

3. Pensez-vous que ce conte va expliquer scientifiquement pourquoi la carapace de la tortue est maintenant crevassée[4]?

Introduction

Le conte suivant est un conte étiologique, c'est-à-dire qu'il essaie de donner une explication à un phénomène naturel. Ici, le conteur explique pourquoi et depuis quand la carapace de la tortue est crevassée.

On retrouve dans plusieurs îles, tout comme en Afrique, des contes qui donnent différentes explications de l'apparence physique de la tortue.

DEPUIS QUAND LA CARAPACE DE LA TORTUE EST-ELLE CREVASSÉE?

Un jour, le bon Dieu a fait un grand banquet au ciel. Il avait invité cette fois-là tous les animaux avec des ailes[5]. Alors, tous les oiseaux étaient très joyeux : ils se préparaient à une fête comme il n'y en avait jamais sur terre. Ils peignaient[6] leurs plumes et se préparaient en chantant.

---

[1]**araignée** spider   [3]**carapace** shell   [5]**ailes** wings
[2]**tortue** tortoise   [4]**crevassée** cracked   [6]**peignaient** were combing

Les animaux qui n'avaient pas d'ailes n'étaient pas si joyeux. C'est ainsi qu'Araignée — qui n'était évidemment pas invitée ce jour-là — se promenait pour oublier sa peine.

En chemin, Araignée rencontre Tortue, qui était bien triste elle aussi :

—Dommage! Nous ne sommes pas invitées au banquet, dit Araignée.

—Eh non! répond Tortue. Cette belle fête n'est malheureusement pas pour nous. J'ai bien deux ailes, moi, continue Tortue en montrant ses deux nageoires[7], mais elles sont faites pour nager, pas pour voler dans les airs.

Nos deux amies sont vraiment déçues. Elles cherchent un moyen de participer à cette super fête, mais elles n'en trouvent pas.

Soudain, Araignée sourit. Elle a une idée :

—J'ai trouvé! Moi qui suis toute petite, je peux bien monter au ciel sur le dos d'un oiseau. Il ne va même pas s'en rendre compte[8]. Quand je vais être là-haut, je vais tisser[9] un long fil[10] et te l'envoyer. Tu vas pouvoir monter au ciel toi aussi! En arrivant, tu n'as qu'à montrer tes deux nageoires, et tu vas être acceptée!

—Quelle bonne idée, dit Tortue. Je vais aller au banquet!

—Oui. Moi, dit Araignée, je vais rester cachée sous la table à tes pieds. Toi, tu vas me donner de bonnes petites bouchées[11] à manger.

Le jour du banquet, nos deux amies sont bien installées : Tortue se tient près de la table en montrant bien ses nageoires. Araignée, elle, reste à ses pieds et attend sa part.

Tortue est bien heureuse. Elle mange des mets[12] délicieux et présentés avec art : des viandes délicieuses, des légumes au goût exquis, des gâteaux de rêve, des crèmes légères comme des nuages, des fruits qui fondent[13] dans la bouche.

À ses pieds, la pauvre Araignée est impatiente de recevoir sa part. Comme elle a fait de l'exercice, elle a très faim. Ce n'était pas si facile de tirer la lourde Tortue jusqu'au ciel. Elle attend donc que Tortue pense à elle. Cependant, Tortue semble oublier

---

[7]**nageoires** fins
[8]**s'en rendre compte** realize it
[9]**tisser** weave
[10]**fil** thread

[11]**bouchées** mouthfuls
[12]**mets** dishes
[13]**fondent** melt

celle qui lui a permis de participer au banquet. Pour ranimer la mémoire de Tortue, Araignée pique[14] le pied de l'ingrate. Tortue bouge un peu les pattes, mais elle ne donne rien à son amie qui attend sous la table.

Araignée est bien déçue. Elle pensait Tortue plus fidèle à sa parole. Le banquet va bientôt se terminer, et elle n'a pu manger que quelques miettes[15] tombées par accident de la table.

À la fin du banquet, Araignée décide de se venger. Quand Tortue revient vers elle et lui demande de lui prêter son fil pour revenir à son étang[16], Araignée ne dit pas un mot. Elle donne le bout de son fil à Tortue et l'aide à s'attacher. Elle commence à tisser son fil, et Tortue descend, descend, descend...

Soudain, alors que Tortue est suspendue entre ciel et terre, Araignée arrête de tisser son fil :

—Continue! crie Tortue. Je suis encore bien loin du sol, et il y a un rocher sous moi!

Araignée ne répond pas : c'est l'heure de la vengeance. Alors, elle coupe son fil, et Tortue tombe. Elle ne se fait pas mal, mais sa carapace se brise un peu.

Elle en garde encore les marques aujourd'hui. Depuis ce temps, la carapace de la tortue est toute crevassée.

~ *fin* ~

Après la lecture

Répondez aux questions en formant des phrases complètes chaque fois que c'est possible.

I. On trouve dans le texte la phrase suivante :

C'est ainsi qu'Araignée — qui n'était évidemment pas invitée ce jour-là — se promenait pour oublier sa peine.

Pourquoi Araignée n'était-elle pas invitée au banquet ce jour-là?

---

[14]**pique** bites
[15]**miettes** crumbs

[16]**étang** pond

2. Comment fait Araignée pour se rendre au ciel? Et comment fait Tortue?

3. Que fait Tortue pendant le banquet? Choisissez la bonne réponse.
   a. Tortue donne ses meilleures bouchées à Araignée.
   b. Tortue oublie de manger et donne tout à Araignée.
   c. Tortue mange beaucoup et ne donne rien à Araignée.

4. Que fait Araignée durant le banquet? Choisissez la bonne réponse.
   a. Araignée pique le pied de Tortue pour qu'elle ne l'oublie pas.
   b. Araignée mange les bons petits morceaux que lui donne Tortue.
   c. Araignée monte sur la table et mange de bonnes choses.

5. À qui se rapportent les mots mis en caractères gras dans les phrases suivantes :
   a. *Mais Tortue semble oublier* **celle qui lui a permis de participer au banquet.**
      —Ces mots se rapportent à _____.
   b. *Alors, Araignée pique le pied de* **l'ingrate.**
      —Ce mot se rapporte à _____.

6. Complétez le texte en utilisant les mots suivants dans la forme qui convient au contexte :

ciel	*tisser*	*banquet*
aile	*ingrat*	*nageoire*
peiné	*venger*	

   Tortue et Araignée sont bien _____ parce que, comme elles n'ont pas d'_____, elles ne sont pas invitées au _____ de Dieu ce jour-là. Cependant, Tortue a des _____ qui sont comme des ailes. Araignée va monter au _____ sur les ailes d'un oiseau et elle va _____ un long fil pour aider Tortue à monter. Mais Tortue est _____; Araignée a décidé de se _____.

7. Trouvez dans le texte une phrase qui s'applique bien à l'illustration.

8. Inventez un conte qui explique différemment pourquoi la carapace de la tortue est crevassée.

9. Quel est le personnage qui vous est le plus sympathique, Tortue ou Araignée? Donnez les raisons de votre réponse.

12

LES DEUX PRÉTENDANTS

Avant de faire la lecture du conte, répondez aux questions suivantes en formant des phrases complètes.

1. Décrivez les deux personnages que vous voyez dans l'illustration.

2. Reconnaissez-vous la caractéristique principale du lapin, quand on le retrouve dans les contes?

3. Lisez le texte de présentation du conte puis retournez au titre et à l'illustration. Que se passe-t-il, d'après vous?

Introduction

Le conte suivant fait partie du cycle de lapin. Les gens du peuple[1] s'amusent beaucoup des victoires de Lapin. Dans beaucoup de contes, le petit animal triomphe des plus puissants rivaux. Cet animal de petite taille symbolise l'homme du peuple, le serviteur. Celui-ci, s'il veut se faire une bonne place dans la vie, doit être très intelligent.

On retrouve le lapin ou le lièvre dans le folklore de plusieurs pays. Sans doute à cause de son peu de moyens de défense naturels et, aussi, de sa rapidité physique, on lui attribue une rapidité d'esprit peu commune.

LES DEUX PRÉTENDANTS[2]

Il y avait autrefois un roi très riche. Il avait une fille qui s'appelait Létitia. La jeune femme était très aimable et aussi belle que son père était riche. De plus, tous les gens étaient émerveillés[3] par sa voix : quand elle chantait, les oiseaux eux-mêmes se taisaient pour l'écouter.

---

[1]**gens du peuple** regular people
[2]**prétendants** suitors
[3]**émerveillés** amazed

Un jour, le roi, qui désirait un gendre[4] capable d'apprécier les qualités de sa fille bien-aimée, dit à Létitia :

—Ma belle Létitia, je veux donner ta main à quelqu'un digne[5] de toi. Je cherche pour toi un homme capable de saisir toutes les subtilités de ta voix. Sans doute que cet homme-là sera capable de saisir aussi les nuances de tes sentiments. Qu'en penses-tu?

—Père, je sais que votre amour pour moi va être de bon conseil. Faites comme vous le pensez.

Alors, le roi ouvre le concours des prétendants en ces termes :

—Je vais donner la main de ma fille à celui qui a l'ouïe[6] la plus fine. Que les prétendants se présentent!

Tous les jeunes mâles sont intéressés. Chacun veut être l'heureux élu[7]. C'est ainsi que Cheval se dit :

—Quelqu'un qui a l'ouïe fine? Me voici! La belle Létitia est pour moi! Quand le père va voir mes belles longues oreilles, il va être convaincu. C'est sûrement moi qui ai l'ouïe la plus fine!

En disant ces paroles, Cheval passe devant un miroir :

—En plus de mes belles oreilles, j'ai aussi une allure assez intéressante! Le roi et sa fille vont être conquis!

Fier de lui, Cheval se présente chez le roi :

—Dommage! dit le roi. Je viens de recevoir Lapin et, vraiment, il m'a impressionné. Il n'a pas ton allure, mais ses oreilles sont encore plus longues que les tiennes.

—Vous voulez donner votre fille à cet avorton[8]? dit Cheval, l'air indigné. Regardez-moi. Comment pouvez-vous même nous comparer?

—C'est vrai que tu as fière allure, dit le roi au prétendant. Ma fille serait en sécurité avec toi. Alors, d'accord! Venez me voir tous les deux ensemble : ma fille et moi, nous allons vous comparer.

Cheval part donc, tout confiant, se préparer au mariage.

Le lendemain, Lapin revient chez le roi. Il a fait sa plus belle toilette[9] : il est blanc comme neige; sa fourrure est éblouissante dans le soleil; ses longues oreilles, toutes roses à l'intérieur, vibrent au moindre son. Le roi le reçoit et lui avoue :

---

[4]**gendre** son-in-law
[5]**digne** worthy
[6]**ouïe** hearing
[7]**élu** chosen one
[8]**avorton** runt
[9]**toilette** grooming

—Dommage, Lapin! J'ai reçu Cheval et j'ai été grandement impressionné.

—Comment cela? Vous m'aviez dit que j'allais être un bon gendre!

—Je te l'ai dit, Lapin, tu n'es pas sans intérêt, mais Cheval a aussi retenu mon attention.

Alors, rapidement, Lapin imagine une stratégie :

—Allez-vous préférer ma monture[10] à moi-même? Vous préférez le serviteur au maître?

Le roi est étonné. Il ne sait pas quoi répondre. Il dit à Lapin :

—Cheval ne m'a pas dit qu'il était ton serviteur. Revenez me voir tous les deux, comme je l'ai dit à Cheval : nous allons nous expliquer.

Lapin court donc vite chez lui pour mettre son plan à exécution. — On sait qu'il ne manque pas d'imagination. — Il invite donc Cheval à venir le retrouver chez lui.

Quand son rival arrive, Lapin se met au lit et fait semblant d'être bien malade. Il tousse sans arrêt :

—Cheval, le roi veut nous voir tous les deux ensemble. Cependant, tu vas devoir attendre ma guérison[11].

—Mais je ne veux pas attendre, moi! répond Cheval impatient. Le roi m'a promis sa fille. Je veux l'épouser, et vite, avant qu'il change d'idée!

—C'est vrai que tu es bien beau et bien élégant, répond Lapin en toussant. Létitia sera sûrement pour toi : comment comparer un Lapin malade à un si élégant coureur?

Cheval, encouragé par ces paroles qui lui semblent de grand bon sens, dit à Lapin :

—J'ai une idée : je vais te porter. Nous pourrons ainsi aller chez le roi dès aujourd'hui!

Lapin voit que son plan a réussi. Cheval réagit exactement comme il le voulait :

—D'accord, dit Lapin, en riant dans sa barbe[12]. C'est bien pour te faire plaisir que j'accepte de quitter mon lit. Aide-moi à monter sur ton dos.

Cheval se met à genoux, et Lapin monte sur lui :

—Je n'arrive pas à me tenir. Je suis si faible. Tu n'aurais pas une selle[13]?

---

[10]**monture** mount
[11]**guérison** recovery

[12]**en riant dans sa barbe** laughing in his sleeve
[13]**selle** saddle

—Bien sûr que j'ai une selle, et une belle! Passons la prendre chez moi.

Cheval va donc prendre la selle et la donne à Lapin.

—Un vrai bijou, cette selle! dit Lapin. Comme elle est élégante! Quel bel ornement pour un beau cheval! Tu vas sûrement plaire à Létitia!

Mais Lapin a besoin d'une bride[14] pour montrer que c'est lui qui est le maître de Cheval. Il en voit justement une, attachée au mur :

—Oh! le beau collier! s'exclame-t-il. Me le prêtes-tu?

—Ne touche pas à ça! C'est à moi, dit Cheval en mettant la bride autour de son cou.

—Franchement, dit Lapin, bien décoré comme cela, tu vas facilement avoir le dessus sur moi!

Cheval est fier. Il est sûr que c'est lui que le roi va choisir. Il va courir si vite que, dans moins d'une heure, il va être chez son beau-père :

—Tiens-toi bien, dit-il à Lapin, nous partons!

Et les voilà qui courent vers la belle Létitia. Chacun est sûr de son propre succès. Quand ils arrivent chez le roi, Cheval est fatigué de la route. Tout en sueur[15] et décoiffé[16], il frappe à la porte. Quand le roi se présente, Lapin, resté en selle, saute vivement par terre, en grande forme, s'approche et dit au roi :

—Ma monture et moi, nous vous saluons, Sire!

Le roi fait donc entrer Lapin. Il laisse Cheval à la porte. La belle Létitia est là, qui attend son prétendant. Elle trouve Lapin très beau et très doux.

La noce a été merveilleuse. Et les jours suivants aussi!

Moi qui vous parle, je suis passé près de la demeure du couple royal dernièrement. Dans le jardin, devant la maison, j'ai pu voir une bonne trentaine de petits lapins qui broutaient[17] l'herbe tendre. C'est sûrement une famille très heureuse!

~ *fin* ~

---

[14]**bride** bridle
[15]**en sueur** sweaty
[16]**décoiffé** with messy hair
[17]**broutaient** were grazing

Répondez aux questions en formant des phrases complètes chaque fois que c'est possible.

I. Nommez trois grandes qualités de la fille du roi.

2. Quelles qualités recherche le roi chez son futur gendre? Choisissez les deux bonnes réponses.
   a. Le roi veut un gendre qui chante bien.
   b. Le roi veut un gendre qui a fière allure.
   c. Le roi veut un gendre qui apprécie la voix de sa fille.
   d. Le roi veut un gendre qui a de longues oreilles.
   e. Le roi veut un gendre qui a l'ouïe très fine.

3. Quelle est la stratégie de Lapin pour obtenir la main de la belle Létitia?

4. Complétez le texte en utilisant les mots suivants dans la forme qui convient au contexte :

   fin   *allure*   *monture*
   ouïe   *gendre*   *impressionné*
   voix

   Comme la belle Létitia a une très belle _____, le roi cherche, comme _____ quelqu'un qui a l'_____ très _____. Le roi est _____ par l'_____ de Cheval, mais Lapin lui dit que Cheval n'est que sa _____.

5. Dans les phrases suivantes, utilisez correctement les deux mots suivants : sur, sûr.
   a. Chacun est _____ de son succès auprès du roi.
   b. Lapin monte _____ Cheval et prend la bride.

6. Dans les phrases suivantes, comment traduisez-vous en anglais le mot « propre ».
   a. *Chacun est sûr de son **propre** succès.*
   b. *Lapin arrive chez le roi bien **propre** et en forme.*

7. Trouvez dans le texte une phrase qui s'applique bien à l'illustration.

8. En vous aidant du texte de présentation, pouvez-vous expliquer :
   a. Quel groupe social représente Lapin?
   b. Quel groupe social représente Cheval?
   c. Comment Lapin surmonte-t-il son infériorité?

9. Imaginez une autre fin à ce conte.

10. Quelle leçon pouvez-vous tirer de ce conte? Donnez les raisons de votre réponse.

Guyane française

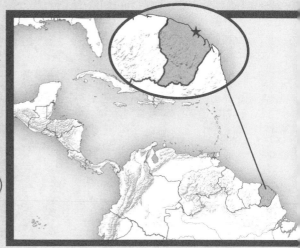

Superficie : 91 000 km^2

★ **Capitale :** Cayenne

Population : 167 000 habitants (Guyanais)

Statut : département français d'outre-mer (1946)

La Guyane française est un des quatre départements français d'outre-mer (avec la Guadeloupe, la Réunion et la Martinique) et la seule possession française sur le continent sud-américain. C'est le plus grand département de l'hexagone et aussi le moins peuplé.

Ce territoire a été habité par une mosaïque de tribus amérindiennes environ 10 000 ans avant J.-C. La forêt amazonienne recouvre environ 95 % du pays.

Ce territoire a connu une triste histoire. Les conquérants avaient utilisé les esclaves pour développer le système routier de ce pays. Après l'abolition de l'esclavage, en 1848, ils y ont installé un bagne pour les criminels. Ce bagne a existé de 1852 à 1946. En 1968, la base de lancement spatial Ariane 5 est installée à Kourou. En 1983, un conseil régional est élu dans le cadre de la loi de la décentralisation. La Guyane française est maintenant une destination de choix pour les touristes.

GRAIN DE SEL

POUR COMMENCER...

Avant de faire la lecture du conte, répondez aux questions suivantes en faisant des phrases complètes.

1. Quels personnages voyez-vous dans l'illustration? Décrivez leur attitude.

2. En considérant le titre du conte, pouvez-vous imaginer pourquoi une des femmes semble ne pas apprécier le plat?

Introduction

Le conte suivant est bien connu dans les Caraïbes. On en trouve aussi des variantes au Québec et en Afrique de l'Ouest.

Les contes de la tradition orale mettent souvent en vedette une mère avec ses filles. On voit peu le père. Il est sans doute au village, en train de discuter avec ses amis. La femme, elle, s'occupe de l'entretien de la maison et de l'éducation de ses filles. Ici, on voit une mère qui compte beaucoup sur l'affection de ses filles. Elle leur a consacré sa vie.

Souvent, dans les contes, on voit intervenir le diable : c'est un personnage important dans les légendes et les contes populaires.

∞ GRAIN DE SEL ∞

Il était une fois une femme qui avait trois filles. Les deux aînées[1] étaient plutôt extraverties : elles parlaient haut, recevaient des amis et faisaient souvent la fête. La plus jeune était solitaire et plutôt renfermée[2].

---

[1]**aînées** oldest   [2]**renfermée** withdrawn

Un jour, la mère demande à l'aînée de ses filles si elle l'aime.
La fille répond spontanément :

—Oui, maman, je vous aime beaucoup.

—Comment gros? demande la mère.

—Gros comme la maison! répond l'aînée.

La mère est satisfaite : elle sait maintenant que sa fille l'aime
beaucoup.

Le soir, alors qu'elle est seule avec la seconde, la mère
demande à sa fille si elle l'aime.

—Bien sûr, maman, je vous aime beaucoup.

—Comment gros? demande la mère.

—Je vous aime gros... gros comme cette énorme armoire!

La mère comprend que sa fille prend l'exemple qu'elle a
immédiatement sous les yeux. Elle est satisfaite de l'amour de
sa fille.

Un après-midi, les deux aînées sont occupées à faire leur
toilette pour aller danser. La plus jeune, qui a un grand cœur,
est restée à la maison pour aider sa mère à cuisiner comme elle
le fait souvent. Comme la mère est seule avec elle, elle trouve le
moment bien choisi pour la faire parler :

—Est-ce que tu m'aimes, ma fille? demande la mère.

—Bien sûr, chère maman. Vous savez bien que je vous aime.

—Comment gros? demande la mère.

—Gros, gros, gros, chère maman.

—Oui, mais comment gros? insiste la mère.

—Je vous aime... gros comme j'aime cette salière[3]! dit la fille
   en assaisonnant généreusement ses beignets de morue[4].

La mère est bien déçue de la réponse de sa fille. Elle espérait
d'elle plus d'amour.

—Une salière! se répète la mère tristement.

Ce soir-là, la mère va se promener dans le bois tout en
songeant à ses trois filles. Elle se dit :

—Au moins deux de mes filles m'aiment. Mais la troisième?
   Je ne comprends pas : elle dit qu'elle m'aime seulement
   gros comme une salière!

La mère est bien triste. Elle marche, marche, marche... Elle
s'aperçoit bientôt qu'elle s'est égarée[5]. Alors, elle se met à
genoux et prie son ange gardien de la ramener chez elle. Elle
attend longtemps... jusqu'à la nuit noire. Rien ne se produit :

---

[3]**salière** salt shaker   [5]**égarée** lost
[4]**beignets de morue** fried cod

aucun secours du Ciel, car ce n'est pas la coutume des anges de se manifester comme cela.

La pauvre femme ne voit plus rien. Les bruits de la forêt lui font peur. Les bêtes sauvages aussi. Désespérée de rentrer à la maison, elle s'adresse à Satan. Elle le supplie de la sauver de ce danger et de la ramener bien vite chez elle.

La réponse, cette fois, ne se fait pas attendre. En se retournant, la femme voit près d'elle un gentilhomme au teint[6] très pâle, vêtu d'un habit noir. Il a l'allure d'un de ces grands propriétaires venus d'ailleurs. Il s'avance directement vers elle comme s'il la connaissait bien :

—En quoi puis-je vous aider? dit-il.

—Je suis perdue dans cette forêt. J'ai peur d'être dévorée par les bêtes sauvages. Aidez-moi à rentrer à la maison.

Alors, dans les yeux du personnage, elle voit une petite flamme bien rouge :

—Certainement, ma bonne dame! J'accepte de vous accompagner jusque chez vous.

La femme a peur. Elle sait que jamais le Diable n'accorde une faveur sans demander un service en retour, mais elle est mal prise[7].

—Vous savez, très chère Dame, qu'un service en attire un autre! Je vais vous ramener chez vous si vous me donnez une de vos filles, celle que vous aimez le moins. L'amour, c'est bien mal vu chez moi, alors donnez-moi celle qui n'a pas beaucoup d'amour dans son cœur.

La mère répond qu'elle ne peut pas. Alors, le Diable disparaît.

Comme il se fait tard, les bruits de la nuit deviennent plus intenses. La femme a terriblement peur. Comme elle n'en peut plus, elle rappelle Satan.

—J'accepte votre marché[8], dit-elle.

—Laquelle de vos filles me donnez-vous?

—Prenez ma plus jeune. Elle dit qu'elle m'aime seulement gros comme une salière. Elle n'a pas grand cœur. Vous allez sans doute l'aimer!

—Vous êtes sûre qu'il n'y a pas d'amour entre vous?

—Si peu... répond la mère en tremblant. Pas plus gros qu'une salière, répète-t-elle en pleurant.

---

[6]**teint** complexion
[7]**mal prise** in distress

[8]**marché** deal

Le Diable ramène donc la femme jusqu'à sa case[9]. Déjà, ses trois filles sont couchées.

—Je reviens avec votre plus jeune, dit le Diable en ricanant.

—Je ne peux pas vous la donner ce soir, dit la mère à Satan. Mes deux autres filles vont s'en apercevoir : elles dorment toutes trois dans la même chambre.

—Une promesse est une promesse! dit Satan. Je n'aime pas faire rire de moi. Allez me la chercher. Je l'attends ici, près du poulailler[10].

La mère, tremblante, va réveiller la plus jeune. Elle lui demande d'aller fermer la porte du poulailler qu'elle entend battre au vent. La jeune fille, serviable[11] comme toujours, y va tout de suite. En sortant de la case, elle voit une grosse boule de feu et elle entend une voix bizarre qui l'appelle.

—Ouou! Ouou! Viens par ici. Tu es à moi! Ta mère dit que tu ne l'aimes pas. C'est parfait pour moi! Amène-toi.

Prise de panique, la jeune fille court chez sa marraine[12] bien-aimée dans la case voisine. La marraine garde alors sa filleule[13] bien-aimée en sécurité.

Quant à la mère, elle regrette déjà d'avoir donné sa fille au Diable.

—Qu'est-elle devenue? se demande-t-elle. Maintenant, je sens pourtant que je l'aime...

Cependant, le lendemain matin, devant les deux autres, elle fait semblant d'ignorer où est la plus jeune.

Le soir, la marraine invite sa sœur et ses filles à manger. Quand la mère arrive avec seulement les deux aînées, la marraine lui demande :

—Tu n'as pas amené ma filleule?

—Elle est sortie, répond la mère en faisant mine de rien[14]. Je vais lui dire de venir te voir demain.

La marraine sert alors un repas délicieux à sa sœur et à ses deux filles aînées.

—Quelle bonne odeur! Quels bons plats nous as-tu encore préparés? J'en salive déjà! dit la mère.

La marraine place devant chacune des trois convives une assiette fumante[15]. Pour donner une leçon à sa sœur, elle ne met pas de sel dans l'assiette de cette dernière.

---

[9]**case** hut
[10]**poulailler** henhouse
[11]**serviable** willing to help
[12]**marraine** godmother
[13]**filleule** goddaughter
[14]**en faisant mine de rien** with a casual air
[15]**fumante** steaming

—C'est délicieux! dit l'aînée des deux filles.

—C'est délicieux! dit l'autre.

La mère ne comprend pas. Le Diable lui aurait-il jeté un sort[16]? Elle trouve le plat sans saveur. Si bien qu'elle ne peut en avaler[17] qu'une petite bouchée. La marraine lui demande si elle est malade.

> —Mais non, répond la mère. Je ne comprends pas! Ton repas a l'air si délicieux! Et il sent si bon! J'ai le goût dérangé : j'espère que ce n'est que temporaire! D'ailleurs, je ne me sens pas très bien depuis hier.

> —Ajoute un peu de sel, chère sœur. Tu verras comme il est important dans la vie!

La marraine s'approche avec une salière et ajoute un peu de sel dans l'assiette de sa sœur. Le plat en est tout transformé.

> —Goûte maintenant, dit-elle à sa sœur.

> —Comme c'est bon! dit la mère. Merci. Je vois combien le sel est important!

La mère est devenue songeuse. Elle n'a même plus faim. Elle ajoute :

> —Vraiment, c'est le sel qui donne la saveur. Ma fille a voulu me dire combien elle m'aimait. Pauvre petite! dit-elle en sanglotant[18]; elle me disait que je mets de la saveur dans sa vie!

Dans sa douleur d'avoir livré au Diable une fille aussi aimante, la mère est incapable d'avaler une bouchée de plus. Alors, la fillette entre dans la pièce. Elle s'était cachée dans la chambre.

Sa mère, fort heureuse, la prend dans ses bras. À partir de ce moment, la mère ne s'est plus posé de questions sur l'amour de ses filles.

∼ fin ∼

---

[16]**jeté un sort à** cast a spell on
[17]**avaler** to swallow

[18]**en sanglotant** with a sob

Répondez aux questions en formant des phrases complètes chaque fois que c'est possible.

I. Quand la mère demande à ses filles si elles l'aiment, que répond l'aînée des filles? Et la seconde? Et la plus jeune?

2. Comment la plus jeune des filles montrait-elle l'amour qu'elle avait pour sa mère?

3. Pourquoi, pensez-vous, le Diable aide-t-il la femme? Choisissez la bonne réponse :
   a. parce qu'il aime rendre service aux gens
   b. parce qu'il veut l'âme de la fille en échange
   c. parce qu'il aime bien cette femme

4. Que fait la plus jeune quand elle aperçoit le Diable près de la porte du poulailler?

5. Complétez le texte en utilisant les mots suivants :

Diable	*s'égarer*	*poulailler*
marché	*marraine*	*avoir peur*

   La mère _____ dans la forêt. Elle _____ et appelle finalement le _____ à son secours. Satan lui propose un _____, celui de lui donner la fille qui ne l'aime pas. La mère accepte. Elle demande à la petite d'aller fermer la porte du _____, mais la fille se sauve chez sa _____.

6. Trouvez dans le texte une phrase qui s'applique bien à l'illustration.

7. Composez une autre fin pour ce conte.

8. Quelle leçon pouvons-nous tirer de ce conte?

l'océan Indien

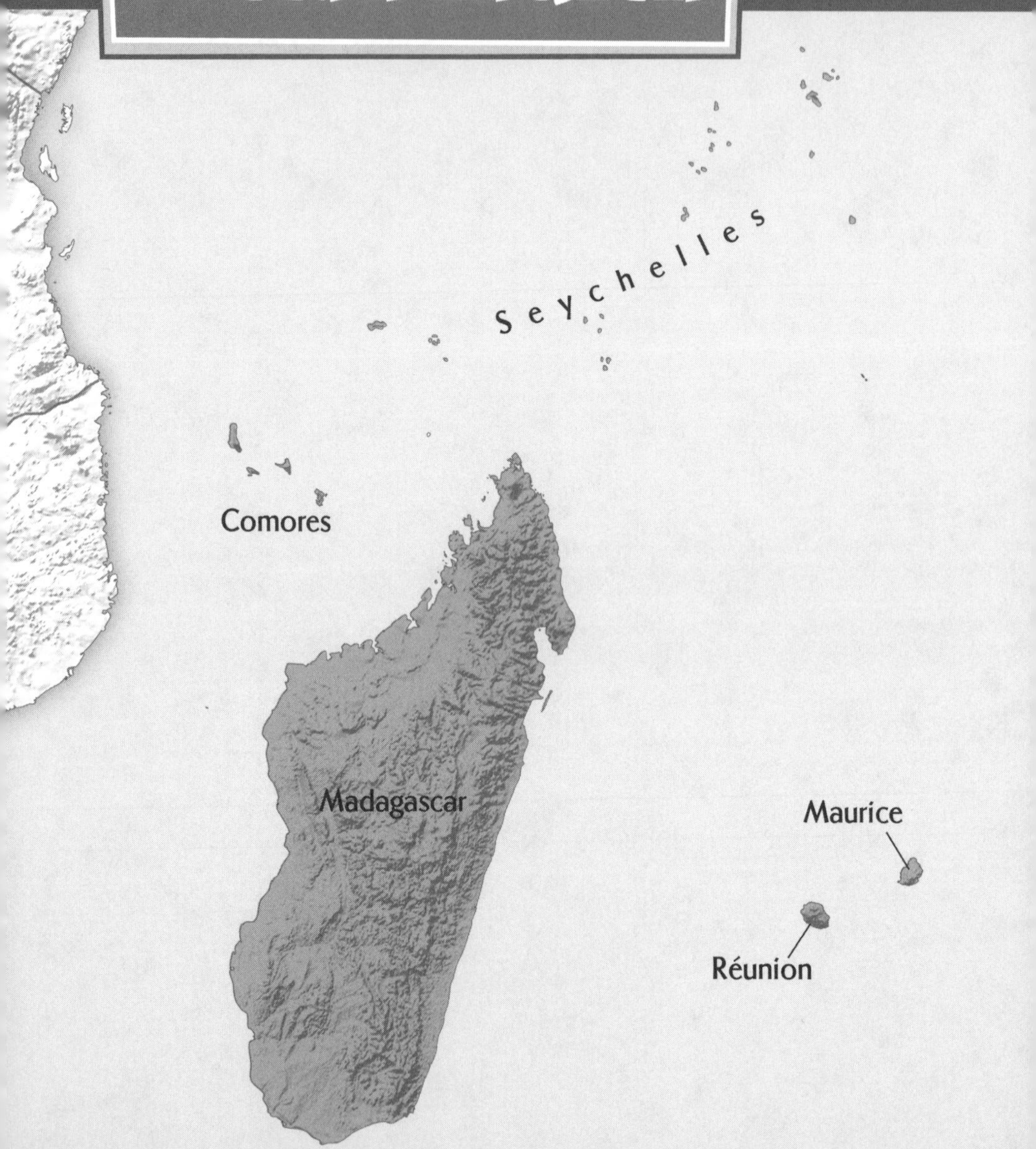

Seychelles

Comores

Madagascar

Maurice

Réunion

Les îles créoles francophones de l'océan Indien ont des populations composées de diverses origines. Parmi les groupes qui y vivent et s'y mélangent, on trouve des Africains, des Indiens, des Chinois, des Arabes et des Européens. Malgré l'évolution propre à chacune de ces îles et la contribution de diverses populations, on trouve, dans ces îles, plusieurs traits communs culturels dont l'influence marquée du français.

Des produits et des ressources communs à presque toutes ces îles sont la canne à sucre, les fruits, le café, les épices et les fruits de mer.

Nous trouvons ici des contes de trois de ces îles de l'océan Indien[1] : l'île Maurice, Madagascar et les Comores.

---

[1] Le lecteur pourra trouver dans *Contes et légendes du monde francophone* et dans *Contes et fables d'Afrique* (Glencoe/McGraw-Hill), des mêmes auteures, des contes des îles Seychelles, des Comores, de Madagascar, de la Réunion, et de l'île Maurice.

île Maurice

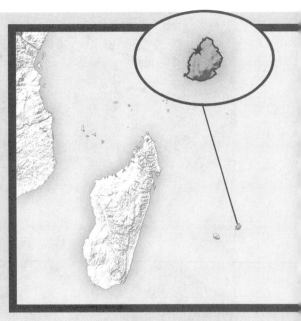

★ **Superficie :** 2 045 km²

Capitale : Port-Louis

Population : 1 200 206 habitants (Mauriciens)

Monnaie : roupie mauricienne

Statut : république (1992), à l'intérieur du Commonwealth

L'île Maurice, autrefois l'Île de France, a été perdue par la France au profit de l'Angleterre lors du Traité de Paris de 1814. Elle occupe une position stratégique sur la route des Indes. C'est pourquoi cette île a eu des colonisateurs très variés : Arabes, Portugais, Hollandais, Français, Anglais s'y sont succédé. Ces populations s'ajoutent aux Africains amenés pour travailler dans les plantations, aux Indiens et aux Chinois venus travailler dans les plantations après l'abolition de l'esclavage. Chacun de ces peuples a ses traditions et sa façon de vivre. Cette diversité est un des attraits touristiques de l'île Maurice.

14 Maurice

Lièvre plus fort que Baleine et Éléphant

Pour commencer...

Avant de faire la lecture du conte, répondez aux questions suivantes en formant des phrases complètes.

1. Dans l'illustration, vous voyez un lièvre[1], une baleine[2] et un éléphant. Que font-ils? Lisez l'introduction. Connaissez-vous d'autres contes qui mettent en scène les aventures de Lapin?

2. Que fait Lièvre? Avez-vous une idée de ce qui se passe?

Introduction

On retrouve à l'île Maurice le personnage de Lièvre, frère sauvage du Lapin des îles de la mer des Caraïbes. Il veut toujours s'amuser. Ici, grâce à son astuce[3], il arrive à prouver à deux énormes animaux, les plus gros sur la terre et dans la mer, qu'il est aussi fort qu'eux.

∽ Lièvre plus fort que ∽ Baleine et Éléphant

Un jour, Lièvre se promenait tranquillement. Il se demandait quel bon tour[4] il allait jouer ce jour-là pour s'amuser un peu. En arrivant près de la mer, il aperçoit au loin une énorme baleine.

—Oh là, Baleine! Viens par ici!

Baleine, fière de sa taille et de sa force, s'approche du rivage[5] en lançant d'immenses jets d'eau. Lièvre est impressionné par sa taille. Il lui dit :

—Baleine, tu es bien imposante. Tu as raison d'être fière de ta taille.

---

[1]**lièvre** hare
[2]**baleine** whale
[3]**astuce** trickery

[4]**tour** trick
[5]**rivage** shore

—Je le suis en effet, répond Baleine. Je suis le plus gros
animal de la mer.

—D'accord, répond Lièvre, mais ce n'est pas la taille qui fait
la force.

—Que veux-tu insinuer? répond Baleine en frappant
vigoureusement l'eau de son immense queue[6].

—Je t'informe que moi, qui suis tout petit, je suis aussi fort
que toi.

Baleine regarde le petit lièvre en souriant d'un air
condescendant. Lièvre continue :

—Je peux te le prouver. Veux-tu faire un concours avec moi?

—D'accord, répond Baleine. Que suggères-tu?

—Viens ici demain matin au lever du soleil. Je vais apporter
une corde très solide. Toi, tu vas la nouer[7] bien solidement
autour de ta queue. Moi, je vais la nouer autour de ma
taille. Nous allons tirer chacun de notre côté. Je parie[8] que
je peux te tirer vers moi!

Baleine trouve Lièvre bien prétentieux. Comme elle veut lui
donner une leçon d'humilité, elle répond :

—D'accord! À demain, petit!

Sur ces mots, Baleine fait un bond vers le large[9] en arrosant le
prétentieux.

Lièvre se sauve[10] ensuite rapidement, car il doit préparer son
plan. Il s'en va rencontrer Éléphant qui broute[11] dans le champ
voisin. Il lui dit :

—Éléphant, j'admire ton énorme taille. Tu es sûrement très
fort.

—Tel que tu me vois, je suis en effet l'animal le plus fort de
la terre, répond l'énorme animal.

—C'est ce que tu crois! Cependant, je connais quelqu'un
d'aussi fort que toi.

—Qui donc? demande Éléphant.

—Moi-même! répond Lièvre en bombant[12] la poitrine.

—Lièvre, la Nature t'a gâté[13] : tu es mignon, rapide et agile.
Cependant, pour la force, tu dois reconnaître que tu n'en
as pas!

Éléphant parlait de force physique. Pour se mesurer à cet
imposant personnage, c'était la force de son esprit que Lièvre
allait utiliser.

---

[6]**queue** tail
[7]**nouer** to knot
[8]**parie** bet

[9]**le large** the open sea
[10]**se sauve** runs away
[11]**broute** is grazing

[12]**bombant** swelling out
[13]**gâté** spoiled

—Éléphant, je te lance un défi : acceptes-tu de te mesurer à moi dans un concours de force?

—Ha! Ha! Ha! D'accord, répond Éléphant. Nous allons nous amuser.

—C'est sérieux, Éléphant. Je vais te prouver que je suis plus fort que toi.

—Comment vas-tu faire? demande Éléphant.

—Toi et moi, nous allons tous les deux nouer les deux bouts[14] d'une corde autour de notre taille. Nous allons tirer chacun de notre côté. Je parie que je peux te tirer vers moi.

—D'accord, petit! répond Éléphant. Nous allons nous amuser!

—Donnons-nous rendez-vous demain matin au lever du soleil.

Éléphant quitte Lièvre en riant. Lièvre part aussi en riant, car son plan fonctionne comme il le souhaite.

Le lendemain matin, Lièvre attend Baleine. Dès qu'elle arrive, il lui dit :

—J'espère que tu es en forme Baleine, car moi, je le suis! Tiens, prends le bout de cette corde et attache-toi bien solidement. Moi, je vais m'éloigner[15] un peu et nouer l'autre bout autour de ma taille.

—Quand tu es prêt, avertis-moi, petit Lièvre, et je vais tirer! dit Baleine.

—D'accord! dit Lièvre.

Puis, Lièvre court vite vers Éléphant. Il dit à ce dernier, en lui donnant l'autre bout de la même corde :

—J'espère que tu es en forme, Éléphant, car moi, je le suis! Tiens, prends le bout de cette corde et attache-la bien solidement autour de ta taille. Moi, je vais m'éloigner un peu et faire de même.

—Quand tu vas être prêt, avertis-moi, Lièvre, et je vais tirer! dit Éléphant.

Le petit lièvre n'a plus qu'à donner le signal du concours aux deux énormes animaux. Alors, il crie aux deux concurrents en même temps :

—Vas-y! Je suis prêt! Tire aussi fort que tu peux!

Alors, le combat s'engage. Baleine tire d'abord doucement pour ménager le petit Lièvre. Cependant, se sentant bientôt

---

[14]**bouts** ends   [15]**m'éloigner** to go away

entraînée[16], elle tire de toutes ses forces. Éléphant fait de même. Chacun se demande comment un si petit lièvre peut montrer une si grande force.

Baleine et Éléphant tirent si fort que, au bout d'une heure, la corde se brise[17]. Le pauvre Éléphant va rouler contre un arbre. Quant à Baleine, elle va s'échouer[18] sur un rocher. Les deux concurrents[19] sont bien mal en point.

Alors, Lièvre s'approche de Baleine et lui dit :

—Tu me crois maintenant, Baleine? Vois, je suis encore très en forme et prêt à un autre combat. Tu as eu tort de croire que tu es toujours la plus forte parce que tu es grosse. Tu peux te reposer maintenant!

Le lièvre s'approche maintenant d'Éléphant et lui sert la même leçon :

—Tu me crois maintenant, Éléphant? Tu vois, ce n'est pas parce que tu es le plus gros que tu es le plus fort. Toi, tu es tout en sueur, et moi, je ne suis même pas fatigué! Relève-toi donc et va te reposer!

Lièvre quitte donc la place en riant. Il est fier de lui : il a gagné son pari. Il cherche une autre occasion de s'amuser et de donner une leçon aux grands de ce monde.

~ *fin* ~

Après la lecture

Répondez aux questions en formant des phrases complètes chaque fois que c'est possible.

1. Quel est le loisir préféré de Lièvre? Choisissez la bonne réponse.
   a. rendre service aux autres
   b. jouer des tours aux autres pour s'amuser
   c. voir Baleine lancer d'immenses jets d'eau
   d. dire qu'il est petit et faible

---

[16]**entraînée** dragged
[17]**se brise** breaks
[18]**s'échouer** run aground
[19]**concurrents** competitors

2. Pourquoi Baleine et Éléphant trouvent-ils Lièvre bien prétentieux?

3. Qu'est-ce que Lièvre veut prouver en organisant le concours? Choisissez la bonne réponse.
   a. Lièvre veut prouver que c'est Baleine qui est la plus forte.
   b. Lièvre veut prouver que c'est Éléphant qui est le plus fort.
   c. Lièvre veut prouver à Baleine et Éléphant qu'il est aussi fort qu'eux.

4. Dans les deux phrases suivantes, comment traduisez-vous en anglais le mot « taille »?
   a. Lièvre est impressionné par la **taille** de la baleine.
   b. Attachons cette corde autour de notre **taille**.

5. Devant chacun des mots suivants, écrivez la lettre du mot qui correspond à son contraire.

___ prétentieux	**a.** faiblesse
___ fort	**b.** s'éloigner
___ rapide	**c.** pousser
___ gros	**d.** humble
___ s'approcher	**e.** lent
___ tirer	**f.** faible
___ force	**g.** petit

6. Complétez le texte en utilisant les mots suivants dans la forme qui convient au contexte :

bout	*Lièvre*	*Éléphant*
pari	*Baleine*	*attaché*
corde		

Le plus gros animal de la mer, _____, et de la terre, _____, solidement _____ à chaque _____ de la même _____, tirent aussi fort qu'ils peuvent. Petit _____ est fier de lui : il a gagné son _____.

7. Trouvez dans le texte une phrase qui s'applique bien à l'illustration.

8. Quelle leçon Lièvre veut-il donner à ses deux puissants amis?

9. Vous connaissez maintenant plusieurs contes mettant en vedette Lapin ou son équivalent Lièvre. (a) Quelles sont les caractéristiques de ce personnage? (b) Quel rapprochement pouvez-vous faire entre Lapin et le personnage principal du conte « Cétout, héros du village »?

10. Aimez-vous jouer des tours à vos amis? Aimez-vous que vos amis vous jouent des tours? Sinon, pourquoi? Si oui, à quelle condition?

Madagascar

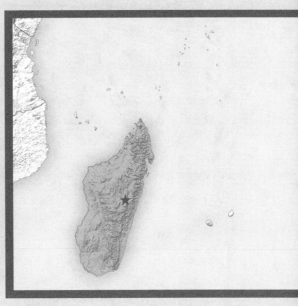

Superficie : 587 041 km^2

★ **Capitale :** Antananarivo

Population : 16 473 477 habitants (Malgaches)

Monnaie : franc malgache

Statut : État indépendant : République malgache (1960)

L'île de Madagascar est située au sud-est du continent africain, dans l'océan Indien. Il y a plus de 65 millions d'années, cette portion de territoire s'est séparée de l'Afrique. À cause de sa position sur la route des Indes, cette grande île, peuplée à la base d'Indonésiens, a vu arriver progressivement, entre autres, des Africains, des Malais, des Arabes et des Européens.

On compte environ 20 ethnies dans l'île, chacun possédant son dialecte. Le malgache est la langue de communication ainsi que le français, qui est la deuxième langue du pays. La flore de l'île est l'une des plus riches du monde.

L'économie malgache est surtout basée sur l'agriculture et l'exploitation de minerais. Malgré ses richesses, Madagascar connaît de graves difficultés économiques; c'est un des pays les plus pauvres du monde.

DEPUIS QUAND CONNAÎT-ON DES TREMBLEMENTS DE TERRE?

Avant de faire la lecture du conte, répondez aux questions suivantes en formant des phrases complètes.

1. Que voyez-vous dans l'illustration?

2. Croyez-vous que le conte va donner une explication scientifique du phénomène des tremblements de terre?

3. En confrontant le titre du conte et l'illustration, avez-vous une idée de l'explication apportée dans le conte?

Introduction

Le conte suivant est un conte étiologique, c'est-à-dire un conte qui présente une explication (fantaisiste) d'un phénomène naturel. Ici, le conteur répond à une question que se posent bien des gens : pourquoi la terre se met-elle à trembler soudain?

Dans un autre conte, on trouve une autre explication du même phénomène : c'est que le Géant qui porte la Terre dans ses bras change parfois de position.

Ce conte de Madagascar manifeste une des caractéristiques de cette île : le culte des ancêtres et des personnes défuntes. Ces dernières restent toujours présentes dans leur communauté. Des fêtes sont régulièrement organisées en leur honneur.

Ce conte témoigne aussi de l'intégration sociale des personnes agées ainsi que du sens de l'hospitalité du peuple de Madagascar.

Dans ce conte, il est question d'une grosse caisse. Le mot « caisse, » en français, a le sens de *boite* ou de *coffre*. Une caisse est aussi un instrument de musique à percussion. La grosse caisse est la plus volumineuse de l'orchestre, celle qui a le son le plus grave.

∞ Depuis quand connaît-on ∞ des tremblements de terre ?

Dans ce temps-là, il y a de cela bien longtemps, vivait un couple avec ses trois fils. Ils n'étaient pas riches, mais il y avait beaucoup d'amour dans la famille.

Les trois garçons, une fois devenus adultes, ont dit à leurs parents :

—Chers parents, nous vous aimons beaucoup, mais nous voulons partir pour aller travailler. Nous voulons gagner de l'argent et avoir une famille.

Les parents étaient très peinés de voir partir leurs fils chéris :

—Votre père et moi, nous comprenons, dit la mère. Vous avez raison. Chacun doit faire sa vie. Nous allons beaucoup penser à vous. Soyez bons et généreux envers tous ceux que vous allez rencontrer.

Les parents ne savaient pas que leurs fils voulaient aller trouver le fameux trésor caché dans la montagne. Ce trésor, tous les gens de l'île en avaient entendu parler : on disait que c'était une grosse caisse[1] gardée par un monstre. Personne, jamais, n'avait pu le trouver et plusieurs étaient morts en le cherchant.

Les trois jeunes gens font donc leur bagage et partent sur la route. Le premier soir, ils s'arrêtent à un village et y demandent l'hospitalité :

—Prenez cette case[2], dit le chef du village; c'est celle que nous avons construite pour les visiteurs. Mais où donc allez-vous comme cela?

—Nous allons chercher la grosse caisse du monstre, au sommet de la montagne.

—Mes chers enfants, votre projet est très dangereux. Renoncez-y et restez avec moi. Je cherche justement de jeunes gens en santé comme vous pour m'aider à cultiver mes champs : les girofliers[3] et les caféiers[4] poussent en abondance. Nous allons partager les récoltes[5].

—Non, merci! répondent les jeunes gens. Ce qui nous intéresse, c'est la grosse caisse du monstre, cachée quelque part dans la montagne.

---

[1]**caisse** case, box
[2]**case** hut
[3]**girofliers** clove trees

[4]**caféiers** coffee trees
[5]**récoltes** harvest

Dans la soirée, le plus âgé des trois va se promener un peu. Il réfléchit à la proposition du chef. Il se dit : « Après tout, ce chef a l'air bien accueillant[6] et il m'offre de partager ses profits. Je suis fort et j'aime travailler. J'accepte son offre. » À son retour, le garçon dit donc à ses frères :

—J'ai changé d'idée. Je vais travailler ici quelque temps. Ne m'attendez pas.

Les deux autres continuent leur chemin. Le soir suivant, ils s'arrêtent à un autre village et y demandent l'hospitalité. Ils font connaître leur projet au chef du village. Celui-ci leur dit :

—Mais vous voulez mourir! Restez donc ici : vous serez en sécurité et je vous donnerai un bon salaire. J'ai une rizière[7] que je ne peux pas cultiver tout seul. Nous allons partager tous les profits.

—Non, merci bien. Nous ne voulons pas nous tuer à travailler aux champs. Tout ce que nous voulons, c'est la fameuse caisse du monstre, répondent les deux jeunes gens.

Dans la soirée, le second des trois frères rencontre la fille du chef du village. Ils vont marcher ensemble et se plaisent beaucoup. La jeune fille lui dit :

—Je suis peinée de te voir partir et courir un si grand danger. Pourquoi n'acceptes-tu pas de travailler avec mon père? J'aimerais te connaître davantage.

Le garçon trouve qu'elle a raison. Il dit au plus jeune :

—J'ai changé d'idée. Je vais rester ici quelque temps. Ne m'attends pas.

Le plus jeune continue sa route. Il tient à accomplir, même seul, leur projet. Il marche longtemps ce jour-là. Le soir, il arrive dans une grande plaine. Il n'y voit qu'une seule case, qui semble abandonnée. Il frappe à la porte. Une vieille femme lui dit d'entrer. Elle semble malade et elle a peine à bouger :

—Bonsoir, Madame, dit le garçon.

—Bonsoir, mon enfant, dit la vieille.

—Voulez-vous me donner l'hospitalité?

—Entre, mon garçon. C'est le Ciel qui t'envoie. J'allais mourir de faim, même si mon jardin est plein de fruits. Je n'ai pas la force de les cueillir[8].

Le jeune garçon se rappelle les paroles de ses parents : « Soyez bons et généreux envers tous ceux que vous allez rencontrer ». Il dit à la vieille femme :

---

[6]**acceuillant** hospitable
[7]**rizière** rice plantation

[8]**cueillir** to pick

—Je ne vais pas vous laisser seule. Je vais vous aider et, si vous le voulez, je vais rester tant que vous aurez besoin de moi.

Durant les jours qui suivent, le garçon cueille les fruits, récolte les céréales et soigne le cheval de la vieille femme. Un matin, il dit à son hôtesse :

—Je dois maintenant vous quitter. Je dois faire mon devoir. J'ai promis d'aller chercher le trésor caché dans la montagne. Je sais que c'est dangereux, car tout le monde dit qu'il est gardé par un monstre.

La vieille femme lui dit :

—Je te l'ai dit : c'est le Ciel qui t'envoie! Je peux en effet t'aider à trouver ce trésor.

—Comment cela? demande le garçon tout étonné.

—Tu sais pourquoi mon mari et moi, nous avons construit notre maison ici, tout près de la montagne? C'est parce que mon mari avait décidé, lui aussi, de trouver ce trésor. En mourant, il m'a laissé le plan de son emplacement[9]. Hélas, il est mort avant de réaliser son rêve.

Alors, la vieille dame va chercher une écorce[10] enroulée :

—Regarde ce plan. C'est là que se cache le monstre. En passant par derrière la montagne, on arrive au-dessus de la chambre au trésor. Comme le monstre garde l'entrée, tu peux t'emparer du trésor en creusant[11] un trou par derrière.

—Mais c'est merveilleux! dit le jeune homme. Je vais utiliser ce plan et, croyez-moi, je ne vais pas vous oublier!

Le lendemain, le jeune homme prend les outils[12] de la vieille femme et se rend à la cachette du monstre. Comme le vent fait beaucoup de bruit ce jour-là, il peut creuser sans attirer l'attention de la bête. Il creuse toute la journée. Le soir, il peut se glisser[13] dans la caverne. Il trouve la grosse caisse qui renferme le trésor et, malgré son poids, il réussit à l'emporter chez la vieille.

Vite, la vieille et le garçon ouvrent la fameuse caisse. Quel n'est pas leur émerveillement : elle contient des diamants, des pierres précieuses, des pièces d'or, des bijoux et de nombreux objets précieux! Le garçon dit à la femme :

—Avec notre trésor, nous allons faire des heureux! À

---

[9]**emplacement** site
[10]**écorce** piece of bark
[11]**creusant** digging

[12]**outils** tools
[13]**se glisser** to slip, to creep

commencer par nous-mêmes. Si vous voulez, nous allons partir d'ici. Je vous amène dans mon village. Je vais trouver une case pour vous. Rien jamais ne vous manquera. Je serai comme votre fils; vous serez comme ma mère.

Alors, le garçon et la vieille femme partent à cheval. À chaque village où ils passent, ils vendent une pierre précieuse pour acheter de la nourriture. Ils donnent le reste de leur profit aux pauvres qu'ils rencontrent. Avec une caisse pleine de bijoux, ils n'ont pas peur de manquer d'argent.

Quand il arrive enfin dans son village, le jeune homme va vite chez ses parents et leur présente son amie, la vieille dame. Il leur raconte ensuite son aventure, verse le contenu de sa grosse caisse à leurs pieds et leur dit :

—Chers parents, vous n'allez plus manquer de rien maintenant. Ni personne autour de nous!

Le garçon va s'occuper de la vieille dame jusqu'à la mort de cette dernière. Il l'a pleurée comme sa grand-mère. Il va s'occuper aussi des gens de son village. Souvent, il organise pour eux des repas d'amitié. Pour les convier[14], il trouve un bon moyen : il frappe sur sa grosse caisse. Il frappe avec tant d'enthousiasme que la terre en vibre! Alors tous, jeunes et vieux, comprennent l'invitation : ils se rendent en chantant chez leur bienfaiteur et, toute la nuit, c'est la fête au village!

Un jour, à la suite d'une longue maladie, l'homme au trésor — que tous appellent « le Seigneur du village » — est mort à son tour. Comme il le leur a demandé, ses enfants l'enterrent[15] avec sa grosse caisse.

Depuis ce temps, on entend parfois, les jours de grand vent, des grondements[16] sous la terre, puis, le sol se met à trembler. Tous ont très peur! Sauf les aînés… qui rient dans leur barbe[17] : ils savent que c'est le Seigneur du village qui bat sa grosse caisse!

C'est là, à ce que les vieux racontent dans l'île, l'origine des tremblements de terre.

~ *fin* ~

---

[14]**convier** to cordially invite
[15]**enterrent** bury

[16]**grondements** rumbles
[17]**rient dans leur barbe** laugh in their sleeves

Répondez aux questions en formant des phrases complètes chaque fois que c'est possible.

1. Pourquoi les trois garçons quittent-ils la maison de leurs parents? Choisissez la bonne réponse :
   a. parce qu'ils veulent aller fonder une famille
   b. parce qu'ils veulent aller travailler
   c. parce qu'ils veulent aller trouver un trésor
   d. parce que leurs parents ne peuvent plus les garder

2. Pourquoi le plus jeune s'est-il retrouvé seul?

3. Nommez deux qualités du plus jeune des garçons. Donnez les raisons de votre réponse.

4. Quelle aide précieuse le garçon reçoit-il de la vieille femme? Choisissez la bonne réponse.
   a. Elle lui donne son cheval pour monter sur la montagne.
   b. Elle lui donne le plan de l'emplacement du trésor.
   c. Elle lui donne beaucoup d'argent.
   d. Elle lui donne les fruits de son jardin.

5. Complétez le texte en utilisant les mots suivants dans la forme qui convient au contexte :

   plan   *chercher*
   caisse   *se glisser*
   cueillir

   Le plus jeune reste seul pour _____ le trésor. Il aide la vieille femme à _____ ses fruits. La vieille donne au garçon le _____ de son mari. Grâce à cela, le garçon peut _____ dans la caverne et voler la grosse _____ du monstre.

6. Trouvez dans le texte une phrase qui s'applique bien à l'illustration.

7. Quel conseil les parents ont-ils donné à leurs fils avant leur départ? Est-ce que les garçons ont suivi ce conseil? Donnez les raisons de votre réponse.

8. Après avoir lu ce conte, dites quel avantage on peut trouver à parler souvent avec les personnes agées.

9. Un autre conte explique d'une autre façon les tremblements de terre : un géant qui supporte les colonnes internes de la Terre change de bras de temps en temps. Pouvez-vous imaginer, à la façon des conteurs, d'autres causes des tremblements de terre?

10. Connaissez-vous d'autres contes étiologiques? Lesquelles? Quels phénomènes naturels tentent-ils d'expliquer et comment le font-ils?

11. Dans l'introduction, on dit que ce conte témoigne le sens de l'hospitalité des gens du peuple. Donnez-en deux exemples.

Les Comores

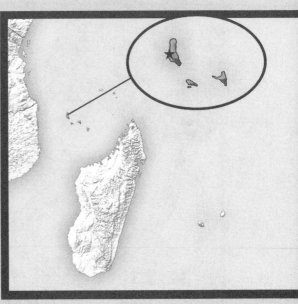

Superficie : 2 230 km²

★ **Capitale :** Moroni (île de Ngazidja)

Population : 658 000 habitants (Comoriens)

Monnaie : franc comorien

Statut : république fédérale islamique (1978)

L'archipel des Comores est situé au sud-est de l'Afrique, entre Madagascar et le continent africain. Il est constitué de quatre îles principales et de quelques îlots : Ngazidja — où est situé la capitale Moroni — , Moili, Ndzouani et Mayotte. Cette dernière île a choisi de rester française lors de l'accession des Comores à l'indépendance en 1975. Elle a aujourd'hui le statut de Collectivité départementale de la République française.

Un peuplement d'origine africaine a précédé la venue des Persans, des Arabes, des Portugais et des Français. Tous ces peuples sont arrivés avec leur langue et leurs coutumes et ils se sont mêlées au cours des siècles. Aujourd'hui, le ciment de cette population métissée est visiblement l'islam et ses pratiques rigoureuses.

Les Comoriens aiment beaucoup les activités sociales, caractérisées par les grandes fêtes qui durent des jours, dont les grands mariages et les grandes funérailles.

La littérature orale, en particulier dans les contes, est marquée par l'influence africaine, puis portugaise (XVIe siècle) et française (XIXe siècle).

LA VIEILLE FEMME ET LE VENT

Avant de faire la lecture du conte, répondez aux questions suivantes en formant des phrases complètes.

1. Quels personnages voyez-vous dans l'illustration? Que se passe-t-il, d'après vous?

2. Connaissez-vous le dieu du vent dans la mythologie romaine? Quel est son nom?

Introduction

Plusieurs contes parlent d'objets magiques : souvent une bague[1] qui change en or tout ce qu'elle touche, un bâton qui chasse et punit les méchants, parfois un animal qui parle et qui donne des conseils.

Dans ce conte, on voit le Vent, qui est très puissant, donnant des objets magiques à une vieille femme. Cette femme est un exemple de persistance, et elle ne doute pas de la justice du Vent.

Remarque : Dans ce conte, on entend des enfants s'adresser à la femme en l'appelant « la vieille ». Cette pratique peut nous sembler impolie. Cependant, dans les îles d'Afrique, appeler une femme « la vieille », c'est lui rendre hommage. On y respecte beaucoup les personnes âgées.

---

[1] **bague** ring

◇ LA VIEILLE FEMME ET LE VENT ◇

Dans ce temps-là, le pays souffrait d'une très grande sécheresse[2]. On ne pouvait plus rien cultiver. Rien ne poussait[3] dans les champs sous un soleil de feu.

Une vieille femme, qui avait une famille à nourrir, s'entêtait[4]. Chaque jour, elle se rendait dans son champ de riz. Chaque jour, elle le trouvait dévasté.

Un jour, épuisée, la femme se met à genoux et, levant les yeux vers le ciel, elle s'écrie :

—Malédiction[5] sur celui qui détruit mes champs!

—Sais-tu qui détruit ta moisson[6]? lui dit un voisin.

—Non, si je le connaissais, j'irais lui demander pourquoi il est si méchant.

—Moi, je le sais. C'est le Vent.

—J'irai donc voir le Vent.

—Mais on ne se rend pas chez lui facilement. Il habite très très haut par là-bas.

—Même si c'est loin, dit la vieille, je vais aller le trouver.

Alors, malgré sa fatigue, la femme part. Elle monte, monte, monte toute la journée et toute la nuit. Le lendemain, elle rencontre des enfants dans la montagne :

—Où vas-tu comme cela, la vieille?

—Je m'en vais chez le Vent. Ce doit être près d'ici?

—C'est encore très loin d'ici. Tu vois, au sommet de la plus haute montagne, dans le ciel parmi les nuages, une vague forme grisâtre[7]? C'est là qu'habite le Vent.

—Merci bien, mes enfants.

La femme repart, résolue. Elle monte, monte et monte encore. Quand elle a traversé une montagne, une autre montagne commence. Elle s'arrête pour se reposer et continue son ascension. Même épuisée, elle continue de toujours monter. Au bout de trois jours, elle arrive enfin au sommet de la plus haute montagne.

Tout heureuse, la vieille femme appelle le Vent. Alors, elle entend un souffle[8], puis rien. Elle appelle de nouveau; elle entend de nouveau un souffle; puis, plus rien. Alors, elle crie très fort. Alors, un souffle puissant passe près de la jeter par terre.

---

[2]**sécheresse** drought
[3]**poussait** was growing
[4]**s'entêtait** persisted
[5]**Malédiction** Curse

[6]**moisson** harvest
[7]**grisâtre** grayish
[8]**souffle** breath, puff of wind

—C'est bien ici qu'habite le Vent? Je veux le voir tout de
suite!

—Pas si fort, grand-mère! dit le Vent. Ici, on ne crie pas : on
souffle! Que veux-tu?

—Tu détruis mes moissons jour après jour! Je suis
malheureuse. Je n'ai rien à manger et rien à donner à mes
enfants.

—Mais je ne peux pas me retenir de souffler! dit le Vent. Je
suis fait comme cela! Cependant, je peux t'aider d'une
autre façon. Tu sais, je suis presque un dieu. J'ai des
pouvoirs magiques. Tiens, prends cette assiette. Je te la
donne. Grâce à elle, vous allez pouvoir manger, toi et ta
famille. Tu n'as qu'à le demander, mais n'en parle à
personne.

La pauvre femme repart, satisfaite. Elle comprend que, au
fond, le Vent n'est pas méchant : il fait simplement son travail
de vent. Alors, elle poursuit sa route. En chemin, comme elle a
faim, elle dit à l'assiette magique :

—J'ai très soif. Donne-moi à boire!

L'assiette, immédiatement, se remplit d'une boisson si bonne
que la vieille est émerveillée.

—Donne-moi quelque chose de léger à manger pour m'aider
à poursuivre ma route.

L'assiette se remplit alors de noix et de belles mangues fraîches
et bien préparées. Après son repas, la femme se sent toute
reposée.

Quand elle arrive à la maison, ses enfants sont affamés[9]. En
voyant qu'elle ne rapporte qu'une assiette vide, ils se mettent à
pleurer.

—Ne pleurez pas, mes enfants. J'ai ce qu'il nous faut.

Alors, la vieille sort son assiette magique et dit :

—Donne-nous à manger!

Immédiatement, toutes les assiettes qu'elle avait déposées sur
la table se remplissent de mets délicieux. Ses enfants sont fous
de joie.

—C'est un secret! dit la femme. Il ne faut parler à personne
de cette assiette merveilleuse! C'est un cadeau que le Vent
nous fait.

Or, dès le lendemain, le plus jeune, en jouant avec ses petits
camarades, leur dit :

---

[9]**affamés** starving

—Chez moi, on mange de bien bonnes choses maintenant, et tant qu'on en veut. Notre mère a un secret!

Le soir, les petits voisins viennent épier[10] la famille. Ils entendent la mère parler à l'assiette magique et voient les bonnes choses dans les assiettes. Le lendemain, tous les gens du village sont au courant[11] du secret de la mère de famille.

Or, dans le village, il y avait un géant qui avait toujours une faim énorme. Il volait tout ce qu'il voyait pour satisfaire son grand appétit. Les gens l'appelaient « Sans-Fond[12] ». Quand ce géant entend parler de l'assiette magique, il va chez la vieille femme durant la nuit et lui vole son assiette. À son retour au village, il montre à tous son trophée en criant :

—Que la vieille essaie, pour voir, de me l'enlever!

La pauvre femme sait bien qu'elle ne peut se battre contre ce géant. Elle retourne alors voir le Vent. En la voyant arriver, le Vent lui dit :

—On t'a volé ton assiette. Je sais.

—Qu'allons-nous devenir? dit la femme en pleurant.

—Je vais te donner ce bâton. Si tu lui dis : « Danse, petit bâton », il va se charger de punir ceux que tu veux. Il va t'aider à reprendre ton assiette. D'ailleurs, en plus d'avoir à manger, tu vas être maintenant en sécurité avec lui.

La vieille revient au village, satisfaite. Elle se rend directement chez le géant :

—Donne-moi mon assiette!

—Jamais de la vie, pauvre vieille folle! T'es-tu regardée? M'as-tu regardé? Je pourrais te renverser avec un seul de mes dix doigts!

La vieille dit alors à son bâton magique, tout bas, cette fois, parce qu'elle veut garder son secret :

—Danse, petit bâton!

Aussitôt, le bâton se met à frapper le géant. Il le frappe et le frappe encore et si fort que le gros homme se jette à genoux en suppliant[13] la femme d'arrêter :

—Reprends ton assiette et va-t-en, sorcière[14]!

La femme retourne à la maison avec son assiette et son bâton. En arrivant, elle sert un bon repas à ses enfants. Elle leur dit :

---

[10]**épier** to spy on
[11]**au courant** aware
[12]**Sans-Fond** Bottomless

[13]**en suppliant** begging
[14]**sorcière** witch

—Nous avons failli[15] perdre notre assiette pour toujours.
Vous voyez : il ne faut jamais révéler un secret. Sinon, on
est puni!

—Comment as-tu réussi à reprendre ton assiette? demandent
les enfants.

—Ce petit bâton nous a sauvés. Je n'ai eu qu'à lui dire :
« Danse, petit bâton. » Encore là, c'est un secret : il ne faut
le dire à personne! Vous entendez, per-son-ne!

Les enfants, curieux, se disent entre eux :

—Comme c'est drôle, un bâton qui danse! Cette fois, nous
allons garder le secret pour nous. Cependant, quand notre
mère va dormir, nous allons danser avec le bâton!

Durant la nuit, la femme entend des cris et beaucoup de
bruit. Elle ouvre les yeux et voit le bâton frapper les enfants
l'un après l'autre, et si rapidement qu'ils n'ont pas le temps de
s'enfuir[16]. Le bâton est partout à la fois!

—Arrête, petit bâton! dit la femme.

Les enfants sont à moitié morts. Ils doivent passer la nuit
entière sur le plancher, sans pouvoir se relever. Le lendemain,
leurs petits amis leur demandent :

—Mais qui vous a fait mal comme cela?

—C'est un secret! répondent-ils. Un secret, c'est un secret!

~ *fin* ~

Après la lecture

Répondez aux questions en formant des phrases complètes chaque fois que c'est possible.

1. Pourquoi la vieille dame se rend-elle auprès du Vent la
   première fois? Choisissez la bonne réponse.
   a. parce qu'elle veut lui demander une assiette.
   b. parce qu'elle aime monter dans la montagne.
   c. parce qu'elle ne peut plus nourrir ses enfants.

2. Quels sont les deux cadeaux magiques que le Vent donne à la
   vieille femme?

---

[15]**avons failli** we nearly   [16]**s'enfuir** to run away

3. Pourquoi la vieille femme n'a-t-elle plus son assiette magique? Choisissez la bonne réponse.
   a. parce le plus jeune des enfants l'a donnée à ses camarades.
   b. parce que le géant l'a volée.
   c. parce qu'elle l'a brisée.
   d. parce qu'elle l'a perdue.

4. Dans la phrase suivante, à quel(s) mot(s) se rapporte le pronom en caractères gras? Choisissez la bonne réponse.

   *L'assiette se remplit alors de noix et de belles mangues fraîches, toutes préparées. La femme **en** mange et elle se sent toute reposée.*

   a. Le pronom **en** est mis pour « l'assiette ».
   b. Le pronom **en** est mis pour « belles mangues fraîches ».
   c. Le pronom **en** est mis pour « noix ».
   d. Le pronom **en** est mis pour « noix et belles mangues fraîches ».

5. Complétez le texte en utilisant les mots suivants dans la forme qui convient au contexte:

aller	*nourrir*	*travailler*
enfant	*assiette*	*détruire*
cadeau	*sommet*	*magique*

   La vieille femme _____ dans son champs, mais le Vent _____ toutes ses moissons. Alors, elle _____ trouver le Vent au _____ de la montagne. Le Vent lui donne deux _____ : une _____ et un bâton _____. Grâce à ces cadeaux, la vieille femme va pouvoir _____ ses _____.

6. Trouvez dans le texte une phrase qui s'applique bien à l'illustration.

7. Nommez deux grandes qualités de la vieille femme. Donnez les raisons de votre réponse.

8. Imaginez une autre fin pour ce conte.

Vocabulaire

A

l' **abri** *m* shelter
   à l'**abri** under cover

accueillir to welcome

accusé(e) defendant

affamé(e) starving

affolé(e) panic-stricken

l' **affranchissement** *m*
   liberation

l' **agneau** *m* lamb

l' **aile** *f* wing

l' **aîné(e)** oldest

ainsi thus
   ainsi que as well as

ajouter to add

alléchant(e) appetizing

allumer to light

l' **allure** *f* look, style

amener to bring

amusant(e) funny

l' **âne** *m* donkey

l' **ange** *m* angel

les **Antilles** *f* West Indies

apercevoir to notice

l' **araignée** *f* spider

l' **archipel** *m* archipelago

l' **armoire** *f* chest

l' **arrière-scène** *f* background

arroser to water

assassiner to assassinate

s' **asseoir** to sit down

l' **assiette** *f* plate

l' **astuce** *f* trickery

astucieux(se) cunning

l' **atout** *m* advantage

attirer to attract

auparavant beforehand

avaler to swallow

avertir to warn

avoir to have
   avoir besoin de to need
   avoir failli perdre to
      have almost lost
   avoir faim to be hungry
   avoir hâte to be anxious
   avoir raison to be right

l' **avorton** *m* runt

avouer to confess

B

la **bagne** penal colony

la **bague** ring

la **baleine** whale

la **barbe** beard
   rire dans sa barbe to
      laugh in one's sleeve

bas low
   tout bas apart, quietly

la **base de lancement spatial**
   space launching site

le **bâton** stick

battre to beat

le **beau-père** father-in-law

le **besoin** need
    avoir besoin de to need

bien-aimé(e) beloved

le **bijou** jewel

bomber to swell out

le **bouc** goat

la **bouche** mouth
    mettre l'eau à la bouche
      to make one's mouth
      water

la **bouchée** mouthful

le **boucher** butcher

bouger to move

bouillir to boil

la **boule** ball

le **bout** end

brasser to mix

la **bride** bridle

briser to break

brouter to graze

le **bruit** noise

brûler to burn

brun(e) brown

bruyant(e) noisy

la **bûche** log

le **buisson** bush

cacher to hide

le **caféier** coffee tree

la **caisse** case, box

la **grosse caisse** large box;
    bass drum

la **canne à sucre** sugarcane

caraïbe Caribbean
    la mer des Caraïbes
      Caribbean Sea

la **carapace** shell

la **case** hut

la **ceinture** belt

la **chaleur** warmth

le **champ** field

le **chat** cat
    donner sa langue au chat
      to give up

la **chaudière** bucket

la **chaume** thatch
    toit de chaume thatched
      roof

le **chef d'équipe** leader

chercher to look for

la **chèvre** goat

en chœur all together

le **chou** cabbage

citer en justice to summon
    before a court

le **clair de lune** moonlight

la **cloque** blister

le **coffret** small decorated box

en colère angry

le **collier** necklace

compréhensif(ve)
    understanding

comprendre to understand

le **concours** competition

le/la **concurrent(e)** competitor

confiant(e) trusting

consacrer sa vie to dedicate one's life

le **conseil** advice; council
de bon conseil a good counsellor

construire to build

se **contenter** to be satisfied with

convaincu(e) sure, persuaded

convier to cordially invite

le/la **convive** guest

la **corde** rope

le **côté** side
être aux côtés de to be at the side of

le **cou** neck

se **coucher** to go to bed

coupable guilty

couper to cut

courant(e) running
au courant aware
eau courante running water

le **coureur** runner

le **courrier** mail

craindre to fear

creuser to dig

creux(se) empty

crevassé(e) cracked

crier to shout

le **croisement** crossing

la **croyance** belief

la **cueillette** take; loot; gathering

cueillir to pick, to gather

cuire to cook

cuisiner to cook

le/la **cuisinier(ère)** cook

le **cyclone** cyclone; hurricane

débrouillard(e) resourceful

la **débrouillardise** resourcefulness

décoiffé(e) with messy hair

décoller to unstick

décrire to describe

déçu(e) disappointed

le **défi** challenge

défunt(e) deceased

dégager to give off

la **demeure** residence

la **dent de sagesse** wisdom tooth

déranger to bother

désespéré(e) desperate

désolé(e) sorry

désormais from now on

dessécher to dry out

le **dessus** top
　　avoir le dessus sur to
　　　have an advantage over

détacher to untie

détruire to destroy

dévaster to devastate

deviner to guess

le **devoir** duty

le **diable** devil

digne worthy

le **dommage** damage
　　C'est dommage!
　　　Too bad!

donner sur to overlook

dormir to sleep

le **dos** back

doté equipped with

doux(ce) sweet

douloureux(se) painful

se **douter** to suspect

dur(e) hard

l' **eau** _f_ water
　　eau courante running
　　　water
　　mettre l'eau à la bouche
　　　to make one's mouth
　　　water

éblouir to dazzle

éblouissant(e) dazzling

échouer to fail
　　s'échouer to run aground

éclairer to lighten

l' **écorce** _f_ piece of bark

s' **efforcer** to do one's utmost

effrayé(e) frightened

égaré(e) lost

éloigner to draw away
　　s'éloigner to go away

élu(e) chosen

embarquer to embark, to
　　board

embêter to bother

émerveiller to amaze

s' **emparer de** to seize

empêcher to prevent

l' **emplacement** _m_ site

l' **emploi** _m_ job

emporter to carry, to take

emprunter to borrow

ému(e) moved

s' **endormir** to fall asleep

s' **enfuir** to run away

engager to hire

engloutir to swallow, to
　　submerge

enlever to remove

l' **enquête** _f_ investigation

enrouler to wrap around

ensemble together

enterrer to bury

s' **entêter** to persist

entraîner to drag

entrouvert(e) half open

envoyer to send

épais(se) thick

épargner to spare; to save

l' **épaule** *f* shoulder

épicé(e) spicy

l' **épicier** *m* grocer

épier to spy on

l' **époque** *f* era

épouser to marry

épuiser to exhaust

équipé(e) furnished

l' **équipe** *f* team
faire équipe to work
together

errant(e) wandering

l' **esclave** slave

essayer to try

essoufflé(e) out of breath

essuyer to wipe

l' **étage** story (of a building)
à l'étage upstairs

l' **étang** *m* pond

s' **étendre** to stretch out

l' **étincelle** *f* spark

étonner to surprise

être to be
être au courant de to
know about
être couché(e) to be in bed

l' **être** vivant *m* live being

124 Vocabulaire

l' **événement** *m* event

exaucer to grant

l' **exploitant** *m* farmer

exquis(e) exquisite

extraverti(e) extroverted

faible weak

la **faim** *f* hunger
avoir faim to be hungry

faire to do, to make
se faire avoir to be had
faire mal to hurt, to
harm
faire mine de rien to
have a casual air
faire sa toilette to groom
oneself
faire semblant to pretend

falloir to be necessary

le/la **farceur(se)** joker

fatigué(e) tired

les **félicitations** *f*
congratulations

le **festin** feast

le **feuillage** foliage
les feuillages leaves

fidèle faithful

fier(ère) proud

le **fil** thread

le/la **filleul(e)** godson,
goddaughter

fin(e) thin; fine

la **finesse d'esprit** cleverness

la **fissure** crack

fondre to melt

la **force** strength

en forme in good shape

fort(e) strong

la **fraîcheur** freshness

frapper to hit, to knock

frotter to rub

les **fruits de mer** *m* seafood

fuir to run away

fumant(e) steaming

la **fumée** smoke

la **gourmandise** greediness

le **goût** taste

grâce à thanks to

grand(e) big
ouvrir tout grand to
open wide

les **grands** *m* important people

gratter to scrape

grisâtre grayish

le **grondement** rumble

guérir to cure
être guéri(e) to be cured

la **guérison** recovery

la **galerie** gallery

garder to keep

gaspiller to waste

le **gâteau** cake

gâter to spoil

la **gauche** left

à gauche to the left

le **gendre** son-in-law

le **genou** knee
se mettre à genoux to
kneel down

les **gens du peuple** regular
people

le **gibier** game

le **gigot d'agneau** leg of lamb

le **giroflier** clove tree

se **glisser** to slip, to creep

habiller to dress

l' **hâte** *f* haste
avoir hâte to be anxious

heureux(se) happy

l' **hivernage** *m* rainy season
(in the tropics)

humer to smell

la **humeur** mood
de bonne humeur in a
good mood

inquiet(ète) worried,
anxious

installer to settle, to put
s'installer to make
oneself comfortable

l' **intendant** *m* steward

intéresser to interest

issu descended

la **jambe** leg

jaser to chatter

jeter to throw
  se jeter à genoux to fall
    on one's knees
  jeter un sort à to cast a
    spell on

jouer un tour to play a trick

jurer to swear

la **langouste** crayfish

la **langue** tongue; language
  **donner sa langue au
    chat** to give up

le **lapin** rabbit

le **large** the open sea

la **larme** tear

léger(ère) light

le **lendemain** next day

la **lessive** wash

lever to rise
  le lever du soleil sunrise

le **lien** link

le **lièvre** hare

le **linge** laundry

lisse smooth

loin far

le **loup** wolf
  le loup-garou werewolf

lourd(e) heavy

la **magie** wizardry

la **main** hand
  mettre la main dessus
    to lay hold of

le **maire** mayor

le **maïs** corn

mal bad
  mal en point in a bad
    state
  mal pris(e) in distress

la **maladie** illness

la **malédiction** curse

malgré despite

malheureux(euse) upset

le **manguier** mango tree

manifester to demonstrate

la **manivelle** crank

manquer to miss
  manquer à sa parole to
    break one's word

le **marais** swamp

le **marché** market; deal

marcher to work
  ça marche it works

la **marraine** godmother

méchant(e) malicious

le **méfait** misdemeanor,
  wrongdoing

le **mélange** mixture

mélanger to mix

mériter to deserve

le **merle** blackbird

le **métier** skill, profession

métisser to crossbreed

le **mets** dish

mettre to put
mettre en vedette
to feature
mettre la main sur to lay
hold of
mettre l'eau à la bouche
to make one's mouth
water
se mettre à genoux to
kneel down
se mettre au lit to go to
bed

meublé(e) furnished

la **miette** crumb

le **mil** millet

les **mœurs** *f* morals

la **moisson** harvest

la **moitié** half

le **monde** world

monter to climb

la **monture** mount

la **morue** cod
les beignets de morue
fried cod

le **moulin à poivre** pepper
mill

la **nageoire** fin

nager to swim

naïf(ve) naïve

la **narine** nostril

la **natte** mat

la **neige** snow

nettoyer to clean

le **nid** nest

la **noce** wedding

noirci(e) blackened

la **noix** nut

nouer to knot

nourrir to feed

la **nourriture** food

noyer to drown

le **nuage** cloud

s' **occuper de** to take care of

l' **odeur** *f* smell

l' **oiseau** *m* bird

l' **ongle** *m* nail

l' **or** *m* gold

l' **orage** *m* storm

l' **oreille** *f* ear

l' **os** *m* bone

oser to dare

l' **ouïe** *f* hearing

l' **outil** *m* tool

l' **ouvrier(ère)** worker

paresseux(se) lazy

parier to bet

la **parole** word

partager to share

par terre on the ground

le **pas** step

passer en revue to inspect

la **patte** paw
   la pointe des pattes
      on tiptoe
   les pattes de cochon
      pig's feet

la **peau** skin

peigner to comb

peiné(e) sad

la **peine** sorrow

se **pencher** to bend down

percer to pierce

la **peur** fear
   avoir peur to be afraid
   faire peur to frighten,
      to scare

peu recommandable not
   very commendable

la **pièce** room; coin
   la pièce d'or gold piece

piler to pound

le **piment** pepper

piquer to bite

plaignant(e) complainant

se **plaindre** to complain

le **plaisir** pleasure
   faire plaisir to please

le **plan** map

plat(e) flat

le **plat** dish

le **plateau** tray

la **platitude** flatness, dullness

pleurer to cry, to mourn for

la **poche** pocket

le **poids** weight

la **poitrine** chest

le **pont d'un bateau** deck of
   a boat

le/la **porte-parole** spokesman,
   spokeswoman

porter to carry

le **porte-voix** megaphone,
   loudspeaker

le **portier** porter

le **poulailler** henhouse

la **poule** hen

pousser to grow

le **pouvoir** power

présenter to introduce

prêt(e) ready

le **prétendant** suitor

prétentieux(se) pretentious

prêter to lend

prier to pray
  je vous prie if you please

profiter de to take
  advantage of

se **promener** to walk

propre clean; own

le/la **propriétaire** owner

la **puissance** power

puissant(e) powerful

la **querelle** quarrel

la **question** question
  pas question no way

la **queue** tail

quotidien(ne) daily

la **race** tribe

racorni(e) hardened

rafraîchir to refresh

la **raison** reason
  avoir raison to be right

ramasser to pick up

ramener to take back

réagir to react

réaliser to accomplish
  se réaliser to become
  true

recoller to re-stick

la **récolte** harvest

récompenser to reward

reconnaître to recognize
  se reconnaître to find
  one's way again

refermer to re-close

le **régal** treat

rejoindre to join

se **relever** to get up

remettre to put on again,
  to put back

remplir to fill

le **renard** fox

rencontrer to meet

rendre to return
  se rendre compte
  to realize

renfermer to contain
  se renfermer to withdraw

renoncer to give up,
  to renounce

renverser to knock over

se **reposer** to rest

résolu(e) determined

respirer to breathe

se **retenir** to restrain oneself,
  to hold back

le **retour** return
  en retour in return

retrouver to find
  se retrouver to meet

réunir to gather together

le **rêve** dream

se **réveiller** to wake up

ricaner to snicker

la **richesse** wealth

rire dans sa barbe to laugh in one's sleeve

risquer sa vie to risk one's life

le **rivage** shore

la **rivalité** rivalry

la **rizière** rice paddy

ronger to gnaw

la **roue** wheel

rouler to roll

le **ruisseau** brook

la **ruse** cunning, craftiness

rusé(e) cunning, crafty

le **sabot** hoof

le **sac** bag

la **sagesse** wisdom
dent de sagesse wisdom tooth

sain(e) healthy

saisir to take hold of, to seize, to grasp

saler to salt

salière salt shaker

salir to get dirty

saliver to salivate, to lick one's lips

le **sang** blood

sangloter to sob

sans-fond bottomless

sauter to jump

la **sauterelle** grasshopper

sauver to save
sauver sa peau to save one's skin
se sauver to run away

le **sauveteur** rescuer

la **saveur** taste

sans saveur tasteless

sec(sèche) dry

sécher to dry

sécheresse drought, dryness

secouer to shake

le **secours** help

le **seigneur** lord

la **selle** saddle

sensibiliser to make aware

le **sentier** path

le **sentiment** feeling

sentir to feel; to smell

serré(e) tight

serviable willing to help

seul(e) alone

le **siècle** century

le **singe** monkey

la **soif** thirst
avoir soif to be thirsty

soigner to take care of

le **sol** ground

le **soleil** sun

le lever du soleil sunrise

le **sommeil** sleep

le **sommet** summit, top

le **son** sound

le/la **sorcier(ère)** sorcerer, witch

le **sort** fate, lot
jeter un sort à to cast a
spell on

le **souci** worry

le **soucougnan** a kind of
werewolf

le **souffle** breath

souffler to breathe, to blow

souffrir to suffer

soulever to lift

le **soupçon** suspicion

la **source** spring

le **souvenir** memory

la **subtilité** subtlety

la **sueur** sweat
en sueur sweaty

suivre to follow

supplier to beg

surnaturel(le) supernatural

suspendre to hang

(T)

la **taille** size; waist

taire to keep to oneself,
to conceal
se taire to keep quiet

la **tante** aunt

tantôt just

le **tas** pile

le **teint** complexion

témoigner to show;
to testify
temoigner de to bear
witness to, to testify to

la **tenue** behavior, appearance
bonne tenue good
behavior

la **terre** ground, earth
par terre on the ground

tirer to pull

tisser to weave

la **toilette** outfit

le **toit** roof

la **tôle** steel

tomber to fall

la **tortue** tortoise

tousser to cough

traîner to drag

traiter to treat

travers fault, failing
à travers through

le **tremblement de terre**
earthquake

trembler to shake

une **trentaine** thirty or so

le **trésor** treasure

tresser to weave, to braid

trier to handpick

triste sad

la **trompe** trunk (elephant)

le **tronc** trunk (tree)

le **trou** hole

le **truc** trick

tuer to kill

vague imprecise

le **vaudou** voodoo

vaudou(e) relating to voodoo

la **vedette** star
mettre en vedette to feature

vendre to sell

se **venger** to take revenge

le **vent** wind

vérifier to check

verser to pour

le **vêtement** piece of clothing

vêtu(e) dressed

viande meat

vibrer to vibrate

vivement in a lively manner

le **vœu** wish

le/la **voisin(e)** neighbor

la **voix** voice

le **vol** theft

voler to fly; to steal

le/la **voleur(euse)** thief